Gesetz

betreffend die

Abänderung der Gewerbeordnung.

(Neues Handwerkergesetz.)

Vom 26. Juli 1897.

Nebst Abdruck
des noch geltenden Titels VI der Gewerbeordnung
(Innungen von Gewerbetreibenden).

Text-Ausgabe mit ausführlichem Sachregister.

Zweite unveränderte Auflage.

Berlin SW48.
Wilhelmstraße 119/120.
J. Guttentag, Verlagsbuchhandlung.
1898.

Gesetz

betreffend die

Abänderung der Gewerbeordnung.

(Neues Handwerkergesetz.)

Vom 26. Juli 1897.

Nebst Abdruck
des noch geltenden Titels VI der Gewerbeordnung
(Innungen von Gewerbetreibenden).

Text-Ausgabe mit ausführlichem Sachregister.

Zweite unveränderte Auflage.

Berlin SW48.
Wilhelmstraße 119/120.
J. Guttentag, Verlagsbuchhandlung.
1898.

Inhaltsverzeichniß.

Artikel 1. Seite

Titel VI. Innungen, Innungsausschüsse, Handelskammern, Innungsverbände.

I. Innungen.

a) Allgemeine Vorschriften §§ 81—99 . 5—36

b) Zwangsinnungen §§ 100—100 u . . 36—52

II. Innungsausschüsse.

§§ 101, 102 . . . . 52—54

III. Handwerkskammern.

§§ 103—103 q . . . . 54—67

VI. Innungsverbände.

§§ 104—104 n . . . . 67—76

Artikel 2.

III. Lehrlingsverhältnisse.

A. Allgemeine Bestimmungen.

§§ 126—128 . . . . 76—86

B. Besondere Bestimmungen für Handwerker.

§§ 129—132 a . . . . 86—93

IIIa. Meistertitel.

§§ 133 . . . . 93—94

Artikel 3 94

Artikel 4 95

Artikel 5 96

Uebergangsbestimmungen. Seite
Artikel 6–9 96–100

Anhang.

Titel VI der Gewerbeordnung in der bisherigen Fassung.

Inhaltsverzeichniß 101
Abdruck des Gesetzes 103–131
Sachregister 132–144

(Nr. 2412.)

Gesetz
betreffend
die Abänderung der Gewerbeordnung.
Vom 26. Juli 1897.

(Reichs-Gesetzblatt 1897. Nr. 37. Seite 663—706.)
(Ausgegeben zu Berlin den 6. August 1897.)

Wir **Wilhelm**, von Gottes Gnaden Deutscher Kaiser, König von Preußen ꝛc. verordnen im Namen des Reichs, nach erfolgter Zustimmung des Bundesraths und des Reichstages, was folgt:

Artikel 1.

An die Stelle des Titels VI der Gewerbeordnung treten nachfolgende Bestimmungen:

Titel VI.
Innungen, Innungsausschüsse, Handwerkskammern, Innungsverbände.

I. Innungen.

a) Allgemeine Vorschriften.

§. 81.

Diejenigen, welche ein Gewerbe selbständig betreiben, können zur Förderung der gemeinsamen gewerblichen Interessen zu einer Innung zusammentreten.

§. 81a.

Aufgabe der Innungen ist:

1. die Pflege des Gemeingeistes sowie die Aufrechterhaltung und Stärkung der Standesehre unter den Innungsmitgliedern;
2. die Förderung eines gedeihlichen Verhältnisses zwischen Meistern und Gesellen (Gehülfen) sowie die Fürsorge für das Herbergswesen und den Arbeitsnachweis;
3. die nähere Regelung des Lehrlingswesens und die Fürsorge für die technische, gewerbliche und sittliche Ausbildung der Lehrlinge, vorbehaltlich der Bestimmungen der §§. 103e, 126 bis 132a;
4. die Entscheidung von Streitigkeiten der im §. 3 des Gewerbegerichtsgesetzes vom 29. Juli 1890 (Reichs-Gesetzbl. S. 141) und im §. 53a des Krankenversicherungsgesetzes (Reichs-Gesetzbl. 1892 S. 379) bezeichneten Art zwischen den Innungsmitgliedern und ihren Lehrlingen.

§. 81b.

Die Innungen sind befugt, ihre Wirksamkeit auf andere, den Innungsmitgliedern gemeinsame gewerbliche Interessen als die im §. 81a bezeichneten auszudehnen. Insbesondere steht ihnen zu:

1. Veranstaltungen zur Förderung der gewerblichen, technischen und sittlichen Ausbildung der Meister, Gesellen (Gehülfen) und Lehrlinge zu treffen, insbesondere Schulen zu unterstützen, zu errichten und zu leiten, sowie über die Benutzung und den Besuch der von ihnen errichteten Schulen Vorschriften zu erlassen;
2. Gesellen- und Meisterprüfungen zu veranstalten und über die Prüfungen Zeugnisse auszustellen;
3. zur Unterstützung ihrer Mitglieder und deren Angehörigen, ihrer Gesellen (Gehülfen), Lehrlinge und Arbeiter in Fällen der Krankheit, des Todes, der Arbeitsunfähigkeit oder sonstiger Bedürftigkeit Kassen zu errichten;
4. Schiedsgerichte zu errichten, welche berufen sind, Streitigkeiten der im §. 3 des Gewerbegerichtsgesetzes und im § 53a des Krankenversicherungsgesetzes bezeichneten Art zwischen den Innungsmitgliedern und ihren Gesellen (Gehülfen) und Arbeitern an Stelle der sonst zuständigen Behörden zu entscheiden;
5. zur Förderung des Gewerbebetriebs der Innungsmitglieder einen gemeinschaftlichen Geschäftsbetrieb einzurichten.

§. 82.

Der Bezirk, für welchen eine Innung errichtet wird, soll in der Regel nicht über den Bezirk der höheren Verwaltungsbehörde, in welchem die Innung ihren Sitz nimmt, hinausgehen. Ausnahmen bedürfen der Genehmigung der Landes-Zentralbehörde.

Soll der Bezirk, für welchen eine Innung errichtet wird, über das Gebiet eines Bundesstaats hinaus erstreckt werden, so ist hierzu die Genehmigung der betheiligten Landes-Zentralbehörden erforderlich. Wird die Genehmigung ertheilt, so sind die den Behörden übertragenen Befugnisse, soweit nicht eine anderweite Vereinbarung getroffen wird, von den Behörden desjenigen Bundesstaats wahrzunehmen, in welchem die Innung ihren Sitz hat.

Bei der Errichtung ist der Innung ein Name zu geben, welcher von dem aller anderen, an demselben Orte oder in derselben Gemeinde befindlichen Innungen verschieden ist. Die landesüblichen Benennungen (Aemter, Gilden und dergleichen) können beibehalten werden.

§. 83.

Die Aufgaben der Innung, die Einrichtung ihrer Verwaltung und die Rechtsverhältnisse ihrer Mitglieder sind, soweit das Gesetz nicht darüber bestimmt, durch das Statut zu regeln.

Dasselbe muß Bestimmung treffen über:

1. Namen, Sitz und Bezirk der Innung sowie die Gewerbszweige, für welche die Innung errichtet ist;
2. die Aufgaben der Innung sowie die dauern-

den Einrichtungen zur Erfüllung dieser Aufgaben, insbesondere hinsichtlich der Regelung des Lehrlingswesens;

3. Aufnahme, Austritt und Ausschließung der Mitglieder;
4. die Rechte und Pflichten der Mitglieder, insbesondere den Maßstab, nach welchem die Mitgliederbeiträge erhoben werden;
5. die Bildung des Vorstandes, den Umfang seiner Befugnisse und die Formen seiner Geschäftsführung;
6. die Zusammensetzung und Berufung der Innungsversammlung, das Stimmrecht in derselben, die Art der Beschlußfassung und, sofern die Innungsversammlung aus Vertretern besteht (§. 92 Absatz 3), die Zahl und die Wahl der Vertreter;
7. die Beurkundung der Beschlüsse der Innungsversammlung und des Vorstandes;
8. die Aufstellung und Prüfung der Jahresrechnung;
9. die Bildung und die Geschäftsführung des Gesellenausschusses;
10. die Ueberwachung der Beobachtung der für die Beschäftigung der Gesellen (Gehülfen), Lehrlinge und Arbeiter, den Besuch der Fortbildungs- oder Fachschule und die Regelung des Lehrlingswesens erlassenen Bestimmungen;

11. die Bildung des Organs und das Verfahren zur Entscheidung der im §. 81a Ziffer 4 bezeichneten Streitigkeiten;
12. die Voraussetzungen und die Form der Verhängung von Ordnungsstrafen;
13. die Voraussetzungen und die Form einer Abänderung des Statuts und den Erlaß und die Abänderung der Nebenstatuten;
14. die Voraussetzungen und die Form der Auflösung der Innung;
15. die öffentlichen Blätter, in welchen die Bekanntmachungen der Innung zu erfolgen haben.

Das Statut darf keine Bestimmung enthalten, welche mit den in diesem Gesetze bezeichneten Aufgaben der Innung nicht in Verbindung steht oder gesetzlichen Vorschriften zuwiderläuft.

Bestimmungen über Einrichtungen zur Erfüllung der im §. 81b Ziffer 3, 4 und 5 bezeichneten Aufgaben dürfen nicht in das Innungsstatut aufgenommen werden.

§. 84.

Das Innungsstatut bedarf der Genehmigung durch die höhere Verwaltungsbehörde desjenigen Bezirkes, in welchem die Innung ihren Sitz nimmt. Die Einreichung geschieht durch die Aufsichtsbehörde (§. 96).

Die Genehmigung ist zu versagen:

1. wenn das Innungsstatut den gesetzlichen Anforderungen nicht entspricht;
2. wenn die durch das Innungsstatut vorgesehene Begrenzung des Innungsbezirkes die nach §. 82 Absatz 1 oder Absatz 2 erforderliche Genehmigung nicht erhalten hat.

Außerdem darf die Genehmigung nur versagt werden, wenn in dem durch das Innungsstatut vorgesehenen Innungsbezirke für die gleichen Gewerbe eine Innung bereits besteht.

In dem die Genehmigung versagenden Bescheide sind die Gründe anzugeben; gegen denselben findet der Rekurs statt; wegen des Verfahrens und der Behörden gelten die Vorschriften der §§. 20 und 21, soweit nicht landesgesetzlich das Verfahren in streitigen Verwaltungssachen Platz greift.

Abänderungen des Innungsstatuts unterliegen den gleichen Vorschriften.

§. 85.

Soll in der Innung eine Einrichtung der im §. 81 b Ziffer 3, 4 und 5 vorgesehenen Art getroffen werden, so sind die dafür erforderlichen Bestimmungen in Nebenstatuten zusammenzufassen. Dieselben bedürfen der Genehmigung der höheren Verwaltungsbehörde. Vor der Genehmigung ist die Gemeindebehörde des Ortes, an welchem die Innung ihren Sitz hat, sowie die Aufsichtsbehörde zu hören. Die Genehmigung kann nach Ermessen unter Angabe der Gründe versagt werden. Gegen die Verfügung der höheren Verwaltungsbehörde steht den Betheiligten binnen vier Wochen die Beschwerde an die Landes-Zentralbehörde zu. Abänderungen der Nebenstatuten unterliegen den gleichen Vorschriften.

Ueber die Einnahmen und Ausgaben der im §. 81b Ziffer 3 und 5 bezeichneten Einrichtungen ist getrennt Rechnung zu führen und das hierfür bestimmte Vermögen gesondert von dem übrigen Innungsvermögen zu verwalten. Verwendungen für andere Zwecke dürfen aus demselben nicht gemacht werden. Die Gläubiger haben das Recht auf gesonderte Befriedigung aus dem getrennt verwalteten Vermögen.

§. 86.

Die Innungen können unter ihrem Namen Rechte erwerben und Verbindlichkeiten eingehen, vor Gericht klagen und verklagt werden. Für ihre Verbindlichkeiten haftet den Gläubigern nur ihr Vermögen.

§. 87.

Als Innungsmitglieder können nur aufgenommen werden.

1. diejenigen, welche ein Gewerbe, für welches die Innung errichtet ist, in dem Innungsbezirke selbständig betreiben;
2. diejenigen, welche in einem dem Gewerbe angehörenden Großbetrieb als Werkmeister oder in ähnlicher Stellung beschäftigt sind;

3. diejenigen, welche in dem Gewerbe als selbständige Gewerbetreibende oder als Werkmeister oder in ähnlicher Stellung thätig gewesen sind, diese Thätigkeit aber aufgegeben haben und eine andere gewerbliche Thätigkeit nicht ausüben.;
4. die in landwirthschaftlichen oder gewerblichen Betrieben gegen Entgelt beschäftigten Handwerker.

Andere Personen können als Ehrenmitglieder aufgenommen werden.

Von der Ablegung einer Prüfung kann die Aufnahme nur abhängig gemacht werden, wenn Art und Umfang derselben durch das Statut geregelt sind; die Prüfung darf nur den Nachweis der Befähigung zur selbständigen Ausführung der gewöhnlichen Arbeiten des Gewerbes bezwecken.

Ist die Aufnahme von der Zurücklegung einer Lehrlings- oder Gesellenzeit oder von der Ablegung einer Prüfung abhängig gemacht, so ist eine Ausnahme von der Erfüllung dieser Anforderungen nur unter bestimmten, im Statute festgestellten Voraussetzungen zulässig. Von einem Aufnahmesuchenden, welcher bereits vor einer anderen Innung desselben Gewerbes eine Aufnahmeprüfung bestanden hat, kann eine solche nicht nochmals verlangt werden.

Gewerbetreibenden, welche den gesetzlichen und statutarischen Anforderungen entsprechen, darf die Aufnahme in die Innung nicht versagt werden.

Von der Erfüllung der gesetzlichen und statutarischen Bedingungen kann zu Gunsten Einzelner nicht abgesehen werden.

§. 87a.

Der Austritt aus der Innung ist, wenn das Innungsstatut eine vorherige Anzeige darüber nicht verlangt, am Schlusse jedes Rechnungsjahrs gestattet. Eine Anzeige über den Austritt kann frühestens sechs Monate vor dem letzteren verlangt werden.

Ausscheidende Mitglieder verlieren alle Ansprüche an das Innungsvermögen und, soweit nicht statutarisch abweichende Bestimmungen getroffen sind, an die von der Innung errichteten Nebenkassen; sie bleiben zur Zahlung derjenigen Beiträge verpflichtet, deren Umlegung am Tage ihres Austritts bereits erfolgt war. Vertragsmäßige Verbindlichkeiten, welche sie der Innung gegenüber eingegangen sind, werden durch den Austritt nicht berührt.

Wird nach dem Tode eines Innungsmitglieds dessen Gewerbe für Rechnung deren Wittwe oder minderjähriger Erben fortgesetzt, so gehen die Befugnisse und Obliegenheiten des Verstorbenen mit Ausnahme des Stimmrechts auf die Wittwe während des Wittwenstandes beziehungsweise auf die minderjährigen Erben für die Dauer der Minderjährigkeit über. Durch das Statut kann der Wittwe oder dem Stellvertreter das Stimmrecht eingeräumt werden.

§. 88.

Den Innungsmitgliedern darf die Verpflichtung zu Handlungen oder Unterlassungen, welche mit den Aufgaben der Innung in keiner Verbindung stehen, nicht auferlegt werden.

Zu anderen Zwecken als der Erfüllung der statutarisch oder durch das Gesetz bestimmten Aufgaben der Innung, sowie der Deckung der Kosten der Innungsverwaltung dürfen weder Beiträge von den Innungsmitgliedern oder von den Gesellen derselben erhoben werden, noch Verwendungen aus dem Vermögen der Innung erfolgen.

Die Innungen sind befugt, für die Benutzung der von ihnen getroffenen Einrichtungen, Fachschulen, Herbergen, Arbeitsnachweis und dergleichen Gebühren zu erheben.

§. 89.

Die aus der Errichtung und der Thätigkeit der Innung und ihres Gesellenausschusses (§. 95) erwachsenden Kosten sind, soweit sie aus den Erträgen des vorhandenen Vermögens oder aus sonstigen Einnahmen keine Deckung finden, von den Innungsmitgliedern aufzubringen.

Die Verpflichtung zur Zahlung von Beiträgen beginnt mit dem Anfange des auf den Eintritt folgenden Monats.

Die auf Grund des Statuts oder der Nebenstatuten umgelegten Beiträge sowie die für die Benutzung der Innungseinrichtungen zu entrichtenden Gebühren (§. 88 Absatz 3) werden auf Antrag des Innungsvorstandes auf dem für die Beitreibung der Gemeindeabgaben landesrechtlich vorgesehenen Wege zwangsweise eingezogen. Das Gleiche gilt für die Einziehung von Ordnungsstrafen (§. 92 c).

Streitigkeiten wegen Entrichtung von Beiträgen und Gebühren entscheidet die Aufsichtsbehörde. Die Entscheidung kann binnen zwei Wochen durch Beschwerde bei der höheren Verwaltungsbehörde angefochten werden; diese entscheidet endgültig.

§. 89 a.

Die Einnahmen und Ausgaben der Innung sind von allen ihren Zwecken fremden Vereinnahmungen nnd Verausgabungen getrennt festzustellen; ihre Bestände sind gesondert zu verwahren.

Die Bestände müssen in der durch die §§. 1807 und 1808 des Bürgerlichen Gesetzbuchs bezeichneten Weise angelegt werden. Sofern der Bezirk der Innung sich nicht über das Gebiet eines Bundesstaats hinaus erstreckt, kann die Anlegung auch in der nach Artikel 212 des Einführungsgesetzes zum Bürgerlichen Gesetzbuche zugelassenen Weise erfolgen.

Zeitweilig verfügbare Gelder dürfen mit Genehmigung der Aufsichtsbehörde auch in anderer als der durch die §§. 1807 und 1808 des Bürgerlichen Gesetzbuchs bezeichneten Weise vorübergehend angelegt werden.

Ueber die Aufbewahrung von Werthpapieren trifft die Aufsichtsbehörde Bestimmung.

Bürgerliches Gesetzbuch.

§. 1807. Die im §. 1806 vorgeschriebene Anlegung von Mündelgeld soll nur erfolgen:

1. in Forderungen, für die eine sichere Hypothek an einem inländischen Grundstücke besteht, oder in sicheren Grundschulden oder Rentenschulden an inländischen Grundstücken;
2. in verbrieften Forderungen gegen das Reich oder einen Bundesstaat sowie in Forderungen, die in das Reichsschuldbuch oder in das Staatsschuldbuch eines Bundesstaats eingetragen sind;
3. in verbrieften Forderungen, deren Verzinsung von dem Reiche oder einem Bundesstaate gewährleistet ist;
4. in Werthpapieren, insbesondere Pfandbriefen, sowie in verbrieften Forderungen jeder Art gegen eine inländische kommunale Körperschaft oder die Kreditanstalt einer solchen Körperschaft, sofern die Werthpapiere oder die Forderungen von dem Bundesrathe zur Anlegung von Mündelgeld für geeignet erklärt sind;
5. bei einer inländischen öffentlichen Sparkasse, wenn sie von der zuständigen Behörde des Bundesstaats, in welchem sie ihren Sitz hat, zur Anlegung von Mündelgeld für geeignet erklärt ist.

Die Landesgesetze können für die innerhalb ihres Geltungsbereichs belegenen Grundstücke die Grundsätze bestimmen, nach denen die Sicherheit einer Hypothek, einer Grundschuld oder einer Rentenschuld festzustellen ist.

§. 1808. Kann die Anlegung den Umständen nach nicht in der im §. 1807 bezeichneten Weise erfolgen, so ist das Geld bei der Reichsbank, bei einer Staatsbank oder bei einer anderen durch Landesgesetz dazu für geeignet erklärten inländischen Bank oder bei einer Hinterlegungsstelle anzulegen.

§. 89 b.

Die Innung bedarf der Genehmigung der Aufsichtsbehörde bei:

1. dem Erwerbe, der Veräußerung oder der dinglichen Belastung von Grundeigenthum;
2. Anleihen, sofern ihr Betrag nicht nur zur vorübergehenden Aushülfe dient und aus den Ueberschüssen der laufenden Einnahmen über die Ausgaben einer Voranschlagsperiode zurückerstattet werden kann;
3. der Veräußerung von Gegenständen, welche einen geschichtlichen, wissenschaftlichen oder Kunstwerth haben.

§. 90.

Auf Innungs-Krankenkassen finden außer den Vorschriften des §. 73 des Krankenversicherungsgesetzes auch die §§. 34 bis 38, 45 Absatz 5, 47 Absatz 3 bis 6 des letzteren entsprechende Anwendung. Jedoch kann die Kassenverwaltung ausschließlich den Gesellen (Gehülfen) und Arbeitern übertragen, und unter der Voraussetzung, daß die Innungsmitglieder die Hälfte der Kassenbeiträge aus eigenen Mitteln bestreiten, beschlossen werden, daß der Vorsitzende sowie die Hälfte der Mitglieder des Vorstandes und der Generalversammlung von der Innung zu bestellen sind.

§. 91.

Die auf Grund des §. 81b Ziffer 4 errichteten Innungsschiedsgerichte müssen mindestens aus einem Vorsitzenden und zwei Beisitzern bestehen.

Die Beisitzer und deren Stellvertreter sind zur Hälfte aus den Innungsmitgliedern, zur Hälfte aus den bei ihnen beschäftigten Gesellen (Gehülfen) und Arbeitern zu entnehmen. Die ersteren sind von der Innungsversammlung, die letzteren von den Gesellen (Gehülfen) und Arbeitern zu wählen. Auf das Wahlrecht finden die Vorschriften der §§. 10, 13 Absatz 1, 14 Absatz 1 des Gewerbegerichtsgesetzes Anwendung.

Der Vorsitzende wird von der Aufsichtsbehörde bestimmt; er braucht der Innung nicht anzugehören.

Die Beisitzer erhalten für jede Sitzung, welcher sie beigewohnt haben, Vergütung der baaren Auslagen und eine Entschädigung für Zeitversäumniß; die Höhe der letzteren und der Betrag der dem Vorsitzenden zu gewährenden Vergütung sind im Nebenstatute festzusetzen.

Sind Wahlen nicht zu Stande gekommen, oder verweigern die Gewählten die Dienstleistung, so hat die Aufsichtsbehörde die Beisitzer aus der Zahl der wählbaren Innungsmitglieder, Gesellen (Gehülfen) und Arbeiter zu ernennen.

Die Anberaumung des ersten Termins soll innerhalb acht Tagen nach Eingang der Klage erfolgen und die Entscheidung nach Möglichkeit beschleunigt werden. Wird die achttägige Frist nicht innegehalten, so kann der Kläger verlangen, daß statt des Innungsschiedsgerichts an den Orten, wo Gewerbegerichte bestehen, diese und, wo solche nicht bestehen, die ordentlichen Gerichte entscheiden. Dies Verlangen ist dem darnach zuständigen Gewerbegericht oder ordentlichen Gericht und dem Innungsschiedsgerichte schriftlich mitzutheilen.

Gewerbegerichtsgesetz.

§. 10. Zum Mitgliede eines Gewerbegerichts soll nur berufen werden, wer das dreißigste Lebensjahr vollendet, in dem der Wahl vorangegangenen Jahre für sich oder seine Familie Armenunterstützung aus öffentlichen Mitteln nicht empfangen oder die empfangene Armenunterstützung erstattet hat und in dem Bezirke des Gerichts seit mindestens zwei Jahren wohnt oder beschäftigt ist.

Personen, welche zum Amt eines Schöffen unfähig sind (Gerichtsverfassungsgesetz §§. 31, 32), können nicht berufen werden.

§. 13. Zur Theilnahme an den Wahlen (§. 12) ist nur berechtigt, wer das fünfundzwanzigste Lebensjahr vollendet und seit mindestens einem Jahr in dem Bezirke des Gewerbegerichts Wohnung oder Beschäftigung hat. Die im §. 10 Absatz 2 bezeichneten Personen sind nicht wahlberechtigt.

§. 14. Den Arbeitgebern stehen im Sinne der §§. 11—13 die mit der Leitung eines Gewerbebetriebes oder eines bestimmten Zweiges desselben betrauten Stellvertreter der selbständigen Gewerbtreibenden gleich, sofern sie nicht nach §. 2 Absatz 2 als Arbeiter gelten.

§. 91a.

Erfolgt durch das Innungsschiedsgericht eine Verurtheilung auf Vornahme einer Handlung, so ist der Beklagte zugleich auf Antrag des Klägers für den Fall, daß die Handlung nicht binnen einer zu bestimmenden Frist vorgenommen wird, zur Zahlung einer nach dem Ermessen des Gerichts festzusetzenden Entschädigung zu verurtheilen. In diesem Falle ist die Zwangsvollstreckung gemäß §§. 773 und 774 der Civilprozeßordnung ausgeschlossen.

Civilprozeßordnung.

§. 773. Erfüllt der Schuldner die Verpflichtung nicht, eine Handlung vorzunehmen, deren Vornahme durch einen Dritten erfolgen kann, so ist der Gläubiger von dem Prozeßgericht erster Instanz auf Antrag zu ermächtigen, auf Kosten des Schuldners die Handlung vornehmen zu lassen.

Der Gläubiger kann zugleich beantragen, den Schuldner zur Vorauszahlung der Kosten zu verurtheilen, welche durch die Vornahme der Handlung entstehen werden, unbeschadet des Rechts auf eine Nachforderung, wenn die Vornahme der Handlung einen größeren Kostenaufwand verursacht.

Auf die Zwangsvollstreckung zur Erwirkung der Herausgabe oder Leistung von Sachen finden die vorstehenden Bestimmungen keine Anwendung.

§. 774. Kann eine Handlung durch einen Dritten nicht vorgenommen werden, so ist, wenn sie ausschließlich von dem Willen des Schuldners abhängt, auf Antrag von dem Prozeßgericht erster Instanz zu erkennen, daß der Schuldner zur Vornahme der Handlung durch Geldstrafen bis zum Gesammtbetrage von fünfzehnhundert Mark oder durch Haft anzuhalten sei.

Diese Bestimmung kommt im Falle der Verurtheilung zur Eingehung einer Ehe nicht und im Falle der Verurtheilung zur Herstellung des ehelichen Lebens nur insoweit zur Anwendung, als die Landesgesetze die Erzwingung der Herstellung des ehelichen Lebens für zulässig erklären.

§. 91 b.

Die Entscheidungen der Innung (§. 81a Ziffer 4) und der Innungsschiedsgerichte (§. 81b Ziffer 4) sind schriftlich abzufassen; sie gehen in Rechtskraft über, wenn nicht binnen einer Nothfrist von einem Monat eine Partei Klage bei dem ordentlichen Gericht erhebt. Die Frist beginnt gegen eine bei der Verkündigung nicht anwesende Partei mit der Behändigung der Entscheidung.

Aus Vergleichen, welche nach Erhebung der Klage vor der Innung oder dem Innungsschiedsgerichte geschlossen sind, findet die Zwangsvollstreckung statt.

Die Entscheidungen können von Amtswegen für vorläufig vollstreckbar erklärt werden, wenn sie die in §. 3 Ziffer 1 des Gewerbegerichtsgesetzes bezeichneten Streitigkeiten betreffen, oder der Gegenstand der Verurtheilung an Geld oder Geldeswerth die Summe von einhundert Mark nicht übersteigt.

Die vorläufige Vollstreckbarkeit ist nicht auszusprechen, wenn glaubhaft gemacht wird, daß die Vollstreckung dem Schuldner einen nicht zu ersetzenden Nachtheil bringen würde; auch kann sie von einer vorläufigen Sicherheitsleistung abhängig gemacht werden.

Die Vollstreckung erfolgt, sofern die Partei dies beantragt, auf Ersuchen der Innung oder des Innungsschiedsgerichts durch die Polizeibehörde nach Maßgabe der Vorschriften über das Verwaltungszwangsverfahren; wo ein solches Verfahren nicht besteht, finden die Bestimmungen über die Zwangsvollstreckung in bürgerlichen Rechtsstreitigkeiten Anwendung. Ein unmittelbarer Zwang zur Vornahme einer Handlung ist nur im Falle des §. 127 d zulässig.

Ist rechtzeitig Klage erhoben, so findet der §. 647 der Civilprozeßordnung entsprechende Anwendung.

§. 92.

Die Angelegenheiten der Innung werden von der Innungsversammlung und dem Vorstande wahrgenommen.

Zur Wahrnehmung einzelner Angelegenheiten können Ausschüsse gebildet werden.

Die Innungsversammlung besteht nach Bestimmung des Statuts entweder aus allen Innungsmitgliedern oder aus Vertretern, welche von jenen aus ihrer Mitte gewählt werden.

Der Vorstand wird von der Innungsversammlung auf bestimmte Zeit mittelst geheimer Wahl gewählt. Die Wahl durch Zuruf ist zulässig, wenn Niemand widerspricht.

Die Wahlen der Vertreter und des Innungsvorstandes finden unter Leitung des Innungsvorstandes statt. Die erste Wahl nach Errichtung der Innung, sowie spätere Wahlen, bei denen ein Vorstand nicht vorhanden ist, werden von einem Beauftragten der Aufsichtsbehörde geleitet. Ueber die Wahlhandlung ist ein Protokoll aufzunehmen.

§. 92 a.

Der Vorstand hat nach näherer Bestimmung des Statuts die laufende Verwaltung zu führen.

Er hat über jede Aenderung in seiner Zusammensetzung und über das Ergebniß jeder Wahl der Aufsichtsbehörde binnen einer Woche Anzeige zu erstatten. Ist die Anzeige nicht erfolgt, so kann die Aenderung dritten Personen nur dann entgegengehalten werden, wenn bewiesen wird, daß sie letzteren bekannt war.

§. 92 b.

Die Innungen werden durch ihren Vorstand gerichtlich und außergerichtlich vertreten. Die Vertretung erstreckt sich auch auf diejenigen Geschäfte und Rechtshandlungen, für welche nach den Gesetzen eine Spezialvollmacht erforderlich ist. Durch das Statut kann einem Mitglied oder mehreren Mitgliedern des Vorstandes die Vertretung nach außen übertragen werden.

Zur Legitimation des Vorstandes genügt bei allen Rechtsgeschäften die Bescheinigung der Aufsichtsbehörde, daß die darin bezeichneten Personen zur Zeit den Vorstand bilden.

Die Mitglieder des Vorstandes haften für pflichtmäßige Verwaltung wie Vormünder ihren Mündeln.

§. 92c.

Der Vorstand ist berechtigt, über Innungsmitglieder bei Verstößen gegen statutarische Vorschriften Ordnungsstrafen, insbesondere Geldstrafen bis zum Betrage von zwanzig Mark zu verhängen. Ueber Beschwerden entscheidet die Aufsichtsbehörde. Der Betrag der Geldstrafen fließt in die Innungskasse.

§. 93.

Die Innungsversammlung beschließt über alle Angelegenheiten der Innung, deren Wahrnehmung nicht nach Vorschrift des Gesetzes oder des Statuts dem Vorstand obliegt.

Der Innungsversammlung muß vorbehalten bleiben:

1. die Feststellung des Haushaltsplans;
2. die Prüfung und Abnahme der Jahresrechnung;
3. die Bewilligung von Ausgaben, welche im Haushaltsplane nicht vorgesehen sind;
4. die Verfolgung von Ansprüchen, welche der Innung gegen Vorstandsmitglieder aus deren Amtsführung erwachsen, durch Beauftragte;
5. der Erlaß von Vorschriften zur näheren Regelung des Lehrlingswesens;
6. die Beschlußfassung über:
   a) den Erwerb, die Veräußerung oder die dingliche Belastung von Grundeigenthum,

b) die Veräußerung von Gegenständen, welche einen geschichtlichen, wissenschaftlichen oder Kunstwerth haben;

c) die Aufnahme von Anleihen;

7. die Wahl der Mitglieder der Organe zur Entscheidung der im §. 81a Ziffer 4 und §. 81b Ziffer 4 bezeichneten Streitigkeiten, soweit sie aus der Zahl der Innungsmitglieder zu entnehmen sind;
8. die Wahl der Mitglieder der Prüfungsausschüsse, soweit sie aus der Zahl der Innungsmitglieder zu entnehmen sind (§. 131a);
9. die Beschlußfassung über Abänderung des Statuts sowie über Errichtung und Abänderung von Nebenstatuten;
10. die Beschlußfassung über die Auflösung der Innung.

§. 93a.

Berechtigt zur Wahl der Vertreter zur Innungsversammlung und stimmberechtigt in der Innungsversammlung sind nur die volljährigen Innungsmitglieder mit Ausnahme derjenigen, welche sich nicht im Besitze der bürgerlichen Ehrenrechte befinden oder durch ger chtliche Anordnung in der Verfügung über ihr Vermögen beschränkt sind.

Wählbar zu Mitgliedern des Vorstandes und der Ausschüsse sowie zu Mitgliedern des im §. 83 Absatz 2 Ziffer 11 bezeichneten Organs sind nur solche wahlberechtigte Innungsmitglieder, welche zum Amte eines Schöffen fähig sind (§§. 31, 32 des Gerichtsverfassungsgesetzes).

Durch das Statut kann bestimmt werden, daß Innungsmitglieder, welche mit der Zahlung der Beiträge wiederholt im Rückstande geblieben sind, weder wahlberechtigt noch wählbar und von der Theilnahme an den Geschäften der Innung für gewisse Zeit ausgeschlossen sind.

In gleicher Weise kann bestimmt werden, daß Innungsmitglieder, welche sich nicht im Besitze der bürgerlichen Ehrenrechte befinden, oder durch gerichtliche Anordnung in der Verfügung über ihr Vermögen beschränkt sind, von der Theilnahme an den Geschäften der Innung ausgeschlossen sind.

§. 94.

Beschwerden gegen die Rechtsgültigkeit der Wahlen sind nur binnen vier Wochen nach der Wahl zulässig. Sie werden durch die Aufsichtsbehörde endgültig entschieden. Dieselbe hat auf erhobene Beschwerde Wahlen, welche gegen das Gesetz oder auf Grund des Gesetzes erlassene Wahlvorschriften verstoßen, für ungültig zu erklären.

§. 94a.

Die Mitglieder der Innungsvorstände, Prüfungsausschüsse und Gesellenausschüsse sowie der Organe zur Entscheidung der im §. 81a Ziffer 4 bezeichneten Streitigkeiten verwalten ihr Amt als

Ehrenamt unentgeltlich, doch kann ihnen nach näherer Bestimmung des Statuts Ersatz baarer Auslagen und eine Entschädigung für Zeitversäumniß gewährt werden.

Die Annahme der Wahl kann nur aus Gründen verweigert werden, aus denen die Wahl zum Beisitzer eines Gewerbegerichts (§. 18 des Gewerbegerichtsgesetzes) abgelehnt werden kann. Ablehnungsgründe des Gewählten sind nur zu berücksichtigen, wenn sie binnen zwei Wochen, nachdem der Gewählte von seiner Wahl in Kenntniß gesetzt ist, schriftlich geltend gemacht werden. Ueber den Ablehnungsantrag entscheidet die Aufsichtsbehörde endgültig. Diese Bestimmungen finden auf die Mitglieder der Innungsschiedsgerichte entsprechende Anwendung.

§. 94b.

Mitglieder der Innungsvorstände, der Ausschüsse der Innungen, der Gesellenausschüsse sowie der Organe zur Entscheidung der in §§. 81a Ziffer 4 und 81b Ziffer 4 bezeichneten Streitigkeiten, hinsichtlich deren Umstände eintreten oder bekannt werden, welche die Wählbarkeit ausschließen, haben aus dem Amte auszuscheiden. Im Falle der Weigerung erfolgt die Enthebung des Betheiligten vom Amte durch die Aufsichtsbehörde nach Anhörung des Betheiligten und der Körperschaft, welcher er angehört. Gegen die Verfügung der Aufsichtsbehörde ist binnen vier Wochen die Beschwerde zulässig. Die Entscheidung über die Beschwerde ist endgültig.

§. 94 c.

Die Innungen sind befugt, durch Beauftragte die Befolgung der gesetzlichen und statutarischen Vorschriften in den zur Innung gehörigen Betrieben zu überwachen und von der Einrichtung der Betriebsräume und der für die Unterkunft der Lehrlinge bestimmten Räume Kenntniß zu nehmen.

Die Verpflichteten haben den als solchen legitimirten Beauftragten der betheiligten Innungen auf Erfordern während der Betriebszeit den Zutritt zu den Werkstätten und Unterkunftsräumen, sowie zu den sonst in Betracht kommenden Räumlichkeiten zu gestatten und ihnen Auskunft über alle Gegenstände zu geben, welche für die Erfüllung ihres Auftrags von Bedeutung sind; sie können hierzu auf Antrag der Beauftragten von der Ortspolizeibehörde angehalten werden.

Namen und Wohnsitz der Beauftragten sind von der Innung der Aufsichtsbehörde anzuzeigen.

Die Beauftragten sind verpflichtet, den im §. 139 b bezeichneten Beamten auf Erfordern über ihre Ueberwachungsthätigkeit und deren Ergebnisse Mittheilung zu machen.

Befürchtet der Betriebsunternehmer von der Besichtigung des Betriebs durch den Beauftragten der Innung eine Schädigung seiner Geschäftsinteressen, so kann er die Besichtigung durch einen anderen

Sachverständigen beanspruchen. In diesem Falle hat er dem Vorstande der Innung, sobald er den Namen des Beauftragten erfährt, eine entsprechende Mittheilung zu machen und einige geeignete Personen zu bezeichnen, welche auf seine Kosten die erforderlichen Besichtigungen vorzunehmen und dem Vorstande die erforderliche Auskunft über die vorgefundenen Verhältnisse zu geben bereit sind. In Ermangelung einer Verständigung zwischen dem Betriebsunternehmer und dem Vorstand entscheidet auf Ansuchen des letzteren die Aufsichtsbehörde.

Auf Räume, welche Bestandtheile landwirthschaftlicher oder fabrikmäßiger Betriebe sind, finden die vorstehenden Bestimmungen keine Anwendung.

§. 95.

Die bei den Innungsmitgliedern beschäftigten Gesellen (Gehülfen) nehmen an der Erfüllung der Aufgaben der Innung und an ihrer Verwaltung Theil, soweit dies durch Gesetz oder Statut bestimmt ist. Sie wählen zu diesem Zwecke den Gesellenausschuß.

Der Gesellenausschuß ist bei der Regelung des Lehrlingswesens und bei der Gesellenprüfung, sowie bei der Begründung und Verwaltung aller Einrichtungen zu betheiligen, für welche die Gesellen (Gehülfen) Beiträge entrichten oder eine besondere Mühewaltung übernehmen, oder welche zu ihrer Unterstützung bestimmt sind.

Die nähere Regelung dieser Betheiligung hat durch das Statut mit der Maßgabe zu erfolgen, daß

1. bei der Berathung und Beschlußfassung des Innungsvorstandes mindestens ein Mitglied des Gesellenausschusses mit vollem Stimmrechte zuzulassen ist;
2. bei der Berathung und Beschlußfassung der Innungsversammlung seine sämmtlichen Mitglieder mit vollem Stimmrechte zuzulassen sind;
3. bei der Verwaltung von Einrichtungen, für welche die Gesellen (Gehülfen) Aufwendungen zu machen haben, abgesehen von der Person des Vorsitzenden, Gesellen, welche vom Gesellenausschusse gewählt werden, in gleicher Zahl zu betheiligen sind wie die Innungsmitglieder.

Die Ausführung von Beschlüssen der Innungsversammlung in den im Absatze 2 bezeichneten Angelegenheiten darf nur mit Zustimmung des Gesellenausschusses erfolgen. Wird die Zustimmung versagt, so kann sie durch die Aufsichtsbehörde ergänzt werden.

§. 95a.

Zur Theilnahme an der Wahl des Gesellenausschusses sind die bei einem Innungsmitgliede beschäftigten volljährigen Gesellen (Gehülfen) berechtigt, welche sich im Besitze der bürgerlichen Ehrenrechte befinden.

Wählbar ist jeder wahlberechtigte Geselle, welcher zum Amte eines Schöffen fähig ist (§§. 31, 32 des Gerichtsverfassungsgesetzes).

Die Wahl zum Gesellenausschusse leitet ein Mitglied des Innungsvorstandes, wenn ein solches nicht vorhanden ist, ein Vertreter der Aufsichtsbehörde.

§. 95 b.

Für die Mitglieder des Gesellenausschusses sind Ersatzmänner zu wählen, welche für dieselben in Behinderungsfällen oder im Falle des Ausscheidens für den Rest der Wahlperiode in der Reihenfolge der Wahl einzutreten haben. Wird dessenungeachtet der Gesellenausschuß nicht vollzählig, so hat er sich für den Rest der Wahlzeit durch Zuwahl zu ergänzen.

§. 95 c.

Mitglieder des Gesellenausschusses behalten, auch wenn sie nicht mehr bei Innungsmitgliedern beschäftigt sind, solange sie im Bezirke der Innung verbleiben, die Mitgliedschaft noch während dreier Monate seit dem Austritt aus der Beschäftigung bei Innungsmitgliedern.

§. 96.

Die Innungen unterliegen der Aufsicht der unteren Verwaltungsbehörde, in deren Bezirke sie ihren Sitz haben.

Die Aufsichtsbehörde überwacht insbesondere die Befolgung der gesetzlichen und statutarischen Vorschriften und kann sie durch Androhung, Festsetzung und Vollstreckung von Ordnungsstrafen gegen die Inhaber der Innungsämter, gegen die Innungsmitglieder und gegen deren Gesellen, soweit diese an den Geschäften der Innung Theil nehmen, erzwingen. Die Geldstrafen fließen in die Innungskasse.

Die Aufsichtsbehörde ist befugt, der Innung, wenn sie es unterläßt, ihr zustehende Ansprüche geltend zu machen, einen Vertreter zur gerichtlichen Verfolgung der Angelegenheit zu bestellen.

Sie entscheidet Streitigkeiten über die Aufnahme und Ausschließung der Mitglieder, über die Wahlen zu den Innungsämtern, sowie unbeschadet der Rechte Dritter über die Rechte und Pflichten der Inhaber dieser Aemter.

Sie hat das Recht, einen Vertreter zu den Prüfungen zu entsenden. Sie beruft und leitet die Innungsversammlung, wenn der Innungsvorstand dieselbe zu berufen sich weigert.

Ueber Abänderungen des Innungsstatuts oder der Nebenstatuten und über die Auflösung der Innung kann von der Innungsversammlung nur im Beisein eines Vertreters der Aufsichtsbehörde beschlossen werden.

Gegen die Anordnungen und Entscheidungen der Aufsichtsbehörde ist binnen vier Wochen die Beschwerde zulässig. Die Entscheidung über die Beschwerde ist endgültig.

§. 97.

Die Schließung einer Innung kann erfolgen:

1. wenn sich ergiebt, daß nach §. 84 die Genehmigung hätte versagt werden müssen und die erforderliche Aenderung des Statuts innerhalb einer zu setzenden Frist nicht bewirkt wird;
2. wenn die Innung wiederholter Aufforderung der Aufsichtsbehörde ungeachtet die Erfüllung der ihr durch §. 81a gesetzten Aufgaben vernachlässigt;
3. wenn die Innung sich gesetzwidriger Handlungen oder Unterlassungen schuldig macht, durch welche das Gemeinwohl gefährdet wird, oder wenn sie andere als die gesetzlich zulässigen Zwecke verfolgt;
4. wenn die Zahl ihrer Mitglieder so weit zurückgeht, daß die Erfüllung ihrer gesetzlichen Aufgaben dauernd gefährdet erscheint.

Die Schließung wird durch die höhere Verwaltungsbehörde ausgesprochen.

Gegen die die Schließung aussprechende Verfügung findet der Rekurs statt; wegen des Verfahrens und der Behörden gelten die Vorschriften der §§. 20 und 21, soweit nicht landesgesetzlich das Verfahren in streitigen Verwaltungssachen Platz greift.

Die Eröffnung des Konkursverfahrens über das Vermögen einer Innung hat die Schließung kraft Gesetzes zur Folge.

§. 98.

Bei der Auflösung einer Innung wird die Abwickelung der Geschäfte, sofern die Innungsversammlung nicht anderweitig beschließt, durch den Vorstand unter Aufsicht der Aufsichtsbehörde vollzogen. Genügt der Vorstand seiner Verpflichtung nicht, oder tritt die Schließung der Innung ein, so erfolgt die Abwickelung der Geschäfte durch die Aufsichtsbehörde oder Beauftragte derselben.

Von dem Zeitpunkte der Auflösung oder Schließung ab bleiben die Innungsmitglieder noch für diejenigen Zahlungen verhaftet, zu welchen sie für den Fall eigenen Ausscheidens aus den Innungsverhältnissen verpflichtet sind.

Die höhere Verwaltungsbehörde ist befugt, den bisher mit der Innung verbunden gewesenen, nicht unter §. 73 des Krankenversicherungsgesetzes fallenden Unterstützungskassen nach der Auflösung oder Schließung der Innung Korporationsrechte zu verleihen; in diesem Falle verbleiben den Kassen ihre bisherigen Bestände.

§. 98 a.

Das bei der Auflösung oder Schließung vorhandene Vermögen ist zunächst zur Berichtigung der vorhandenen Schulden und zur Erfüllung der sonstigen Verpflichtungen der Innung zu verwenden.

Eine Vertheilung des hiernach verbleibenden Reinvermögens unter die Mitglieder kann die

Innung nur soweit beschließen, als dasselbe aus Beiträgen dieser Mitglieder entstanden ist. Keinem Anspruchsberechtigten darf mehr als der Gesammtbetrag der von ihm geleisteten Beiträge ausgezahlt werden.

Der Rest des Vermögens wird, sofern in dem Statut oder in den Landesgesetzen nicht ein Anderes ausdrücklich bestimmt ist, der Gemeinde, in welcher die Innung ihren Sitz hatte, zur Benutzung für gewerbliche Zwecke überwiesen.

Streitigkeiten zwischen der Gemeinde und der Innung, welche bei der Ausführung der vorstehenden Bestimmungen entstehen, entscheidet die höhere Verwaltungsbehörde.

§. 99.

Die Statuten und Nebenstatuten der Innungen, die Bescheinigung über die Legitimation der Vorstände, sowie die Ausfertigung der Vollmachten der Beauftragten sind kosten- und stempelfrei.

b. Zwangsinnungen.

§. 100.

Zur Wahrung der gemeinsamen gewerblichen Interessen der Handwerke gleicher oder verwandter Art ist durch die höhere Verwaltungsbehörde auf Antrag Betheiligter (§ 100f Absatz 1) anzuordnen, daß innerhalb eines bestimmten Bezirkes sämmtliche Gewerbetreibende, welche das gleiche Handwerk oder verwandte Handwerke ausüben, einer neu zu errichtenden Innung (Zwangsinnung) als Mitglieder anzugehören haben, wenn

1. die Mehrheit der betheiligten Gewerbetreibenden der Einführung des Beitrittszwanges zustimmt,
2. der Bezirk der Innung so abgegrenzt ist, daß kein Mitglied durch die Entfernung seines Wohnorts vom Sitze der Innung behindert wird, am Genossenschaftsleben Theil zu nehmen und die Innungseinrichtungen zu benutzen, und
3. die Zahl der im Bezirke vorhandenen betheiligten Handwerker zur Bildung einer leistungsfähigen Innung ausreicht.

Der Antrag kann auch darauf gerichtet werden, die im Absatz 1 bezeichnete Anordnung nur für diejenigen daselbst bezeichneten Gewerbetreibenden zu erlassen, welche der Regel nach Gesellen oder Lehrlinge halten.

Der Antrag kann von einer für das betreffende Handwerk bestehenden Innung oder von Handwerkern gestellt werden, welche zu einer neuen Innung zusammentreten wollen.

Ohne Herbeiführung einer Abstimmung (§. 100 a) kann der Antrag abgelehnt werden, wenn die Antragsteller einen verhältnißmäßig nur kleinen Bruchtheil der betheiligten Handwerker bilden, oder ein gleicher Antrag bei einer innerhalb der letzten drei

Jahre stattgefundenen Abstimmung von der Mehrheit der Betheiligten abgelehnt worden ist, oder durch andere Einrichtungen als diejenige einer Innung für die Wahrnehmung der gemeinsamen gewerblichen Interessen der betheiligten Handwerke ausreichende Fürsorge getroffen ist.

§. 100a.

Um festzustellen, ob die Mehrheit zustimmt (§. 100 Absatz 1 Ziffer 1), hat die höhere Verwaltungsbehörde die betheiligten Gewerbetreibenden durch ortsübliche Bekanntmachung oder besondere Mittheilung zu einer Aeußerung für oder gegen die Einführung des Beitrittszwanges aufzufordern. Bei der Abstimmung entscheidet die Mehrheit derjenigen, welche sich an derselben betheiligt haben.

§. 100b.

Die Verfügung, durch welche die im §. 100 Absatz 1 bezeichnete Anordnung getroffen wird, muß den Zeitpunkt des Eintritts ihrer Wirksamkeit bezeichnen und den Namen und den Sitz der Innung, die Abgrenzung ihres Bezirkes und die Bezeichnung derjenigen Gewerbe enthalten, für welche sie errichtet wird.

Die höhere Verwaltungsbehörde hat die Verfügung durch das zu ihren amtlichen Bekanntmachungen bestimmte Blatt zu veröffentlichen.

Gegen den Erlaß der Anordnung oder deren Versagung steht den betheiligten Gewerbetreibenden binnen vier Wochen die Beschwerde an die Landes-Zentralbehörde zu, welche endgültig entscheidet. Die Frist läuft im Falle des Erlasses der Anordnung vom Tage der Veröffentlichung, im Falle der Versagung vom Tage der Eröffnung des Bescheids ab.

Nach Erlaß der Anordnung sind die für die gleichen Gewerbszweige bestehenden Innungen, deren Sitz sich im Bezirke der Zwangsinnung befindet, zu schließen.

Innungen, welche außer diesen noch andere Gewerbszweige umfassen, bleiben bestehen. Diejenigen Mitglieder, welche der Zwangsinnung anzugehören haben, scheiden kraft Gesetzes aus der bisherigen Innung aus.

§. 100c.

Auf Innungen, für welche die im §. 100 bezeichnete Anordnung getroffen ist, finden die Vorschriften der §§. 81a bis 99 mit den aus den §§. 100d bis 100u sich ergebenden Aenderungen Anwendung.

§. 100d.

Gegen die Versagung der Genehmigung des Innungsstatuts und seiner Abänderungen ist binnen vier Wochen die Beschwerde an die Landes-Zentralbehörde zulässig; diese entscheidet endgültig.

Wird die Genehmigung des Statuts wiederholt versagt, so hat die höhere Verwaltungsbehörde dasselbe mit rechtsverbindlicher Kraft zu erlassen.

Ergiebt sich, daß dem Statut oder seinen Abänderungen die Genehmigung hätte versagt werden müssen, so hat die höhere Verwaltungsbehörde die erforderliche Abänderung anzuordnen; der die Abänderung anordnende Bescheid kann auf dem im Absatz 1 bezeichneten Wege angefochten werden. Unterläßt die Innung, die endgültig angeordnete Abänderung zu beschließen, so hat die Aufsichtsbehörde die Beschlußfassung anzuordnen und, falls dieser Anordnung keine Folge gegeben wird, die erforderliche Abänderung des Statuts von Amtswegen mit rechtsverbindlicher Wirkung zu vollziehen.

§. 100e.

Das Statut ist in geeigneter Weise zur Kenntniß der Betheiligten zu bringen.

§. 100f.

Als Mitglieder gehören der Innung alle diejenigen an, welche das Gewerbe, wofür die Innung errichtet ist, als stehendes Gewerbe selbstständig betreiben. Ausgenommen sind:

1. diejenigen, welche das Gewerbe fabrikmäßig betreiben;
2. im Falle die im §. 100 Absatz 1 bezeichnete Anordnung nur für solche Gewerbetreibende getroffen worden ist, welche der Regel nach Gesellen oder Lehrlinge halten, diejenigen, welche der Regel nach weder Gesellen noch Lehrlinge halten.

Inwieweit Handwerker, welche in landwirthschaftlichen oder gewerblichen Betrieben gegen Entgelt beschäftigt sind und der Regel nach Gesellen oder Lehrlinge halten, sowie Hausgewerbetreibende der Innung anzugehören haben, wird mit Genehmigung der höheren Verwaltungsbehörde durch das Statut bestimmt. Vor der Genehmigung ist den bezeichneten Personen Gelegenheit zur Aeußerung zu geben.

Gewerbetreibende, welche mehrere Gewerbe betreiben, gehören derjenigen Innung als Mitglieder an, welche für das hauptsächlich von ihnen betriebene Gewerbe errichtet ist.

Die Mitgliedschaft beginnt für diejenigen, welche zur Zeit der Errichtung der Innung das Gewerbe betreiben, mit diesem Zeitpunkte, für diejenigen, welche den Betrieb des Gewerbes später beginnen, mit dem Zeitpunkte der Eröffnung des Betriebs.

§. 100 g.

Berechtigt, der für ihr Gewerbe errichteten Innung für ihre Person beizutreten, sind:

1. die im §. 87 Absatz 1 Ziffer 2 und 3 bezeichneten Personen sowie die in landwirthschaftlichen oder gewerblichen Betrieben gegen Entgelt beschäftigten Handwerker, welche der Regel nach weder Gesellen noch Lehrlinge halten;

2. mit Zustimmung der Innungsversammlung diejenigen, welche das Gewerbe fabrikmäßig betreiben;
3. in dem Falle des §. 100f Absatz 1 Ziffer 2 diejenigen Gewerbetreibenden, welche der Regel nach weder Gesellen noch Lehrlinge halten.

Die nähere Regelung der Rechte dieser Personen erfolgt durch das Statut.

Diesen Personen ist der Austritt aus der Innung am Schlusse jedes Rechnungsjahres gestattet. Eine vorherige Anzeige kann frühestens sechs Monate vor dem Austritte verlangt werden.

§. 100h.

Streitigkeiten darüber, ob Jemand der Innung als Mitglied angehört, sowie darüber, ob Jemand der Innung beizutreten berechtigt ist, entscheidet die Aufsichtsbehörde. Die Entscheidung kann binnen zwei Wochen durch Beschwerde bei der höheren Verwaltungsbehörde angefochten werden; diese entscheidet endgültig.

§. 100i.

Die durch Errichtung der Innung erwachsenden Kosten sind auf Antrag der Betheiligten von der Landes-Zentralbehörde vorzuschießen.

§. 100k.

Wird in Folge der Errichtung einer Zwangsinnung eine Innung geschlossen (§. 100b Absatz 4), so geht das Vermögen dieser Innung, vorbehaltlich der Bestimmungen der §§. 100l bis 100n, mit Rechten und Pflichten auf die Zwangsinnung mit der Maßgabe über, daß die letztere die daran zu machenden Forderungen nur soweit zu vertreten hat, als das Vermögen reicht.

Scheidet in Folge der Errichtung einer Zwangsinnung aus einer bestehenden Innung ein Theil der Mitglieder aus (§. 100b Absatz 5), so ist der Zwangsinnung ein entsprechender Theil des Vermögens zu überweisen. Dabei ist das Verhältniß der Zahl der ausscheidenden zu der Zahl der in der Innung verbleibenden Mitglieder zu berücksichtigen. Kommt hierüber eine Einigung unter den Innungen nicht zu Stande, so entscheidet die höhere Verwaltungsbehörde, welcher die bestehende Innung untersteht. Gegen die Entscheidung steht den Betheiligten binnen vier Wochen die Beschwerde an die Landes-Zentralbehörde zu. Diese entscheidet endgültig.

§. 100l.

Wird in Folge der Errichtung einer Zwangsinnung eine Innung geschlossen (§. 100b Absatz 4), mit welcher eine Innungs-Krankenkasse (§. 73 des Krankenversicherungsgesetzes) verbunden ist, so geht die letztere mit ihren Rechten und Verbindlichkeiten auf die Zwangsinnung über.

Die Innungs-Krankenkasse kann jedoch von der höheren Verwaltungsbehörde geschlossen werden, wenn die Zwangsinnung einen anderen Bezirk oder andere Gewerbszweige umfaßt als diejenige Innung, für welche die Innungs-Krankenkasse errichtet war, oder in Folge der Errichtung der Zwangsinnung mehrere Innungen geschlossen werden, mit welchen Innungs-Krankenkassen verbunden sind. Gegen die Verfügung, durch welche die Kasse geschlossen wird, ist binnen vier Wochen die Beschwerde an die Landes-Zentralbehörde zulässig; diese entscheidet endgültig.

Wenn die Innungs-Krankenkasse auf die Zwangsinnung übergegangen ist, so werden die erforderlichen Abänderungen des Kassenstatuts bis zur anderweiten Beschlußfassung der Innungsversammlung von der höheren Verwaltungsbehörde mit rechtsverbindlicher Kraft vollzogen. So lange diese Abänderungen nicht vollzogen sind, haben die bisherigen Kassenorgane die Verwaltung fortzuführen.

Sind mit der Innung, welche in Folge der Errichtung einer Zwangsinnung geschlossen wird, sonstige Unterstützungskassen verbunden, so finden die §§. 98 und 98a Anwendung. Sofern nicht statutarische oder landesgesetzliche Bestimmungen entgegenstehen, kann die Zwangsinnung mit Zustimmung der Vertretung der Unterstützungskasse diese Kasse mit allen Rechten und Verbindlichkeiten übernehmen. In letzterem Falle bleiben die bisherigen Mitglieder dieser Kasse berechtigt, ihnen anzugehören, auch wenn sie der Zwangsinnung nicht angehören.

§. 100m.

Scheidet in Folge der Errichtung einer Zwangsinnung aus einer bestehenden Innung, mit welcher eine Innungs-Krankenkasse (§. 73 des Krankenversicherungsgesetzes) verbunden ist, ein Theil der Mitglieder aus (§ 100b Absatz 5), so kann, wenn eine anderweite Einigung unter den Betheiligten nicht zu Stande kommt, derjenigen Krankenkasse oder Gemeinde-Krankenversicherung, welcher die bei den Ausscheidenden beschäftigten Personen künftig anzugehören haben, ein entsprechender Theil des Vermögens durch die höhere Verwaltungsbehörde überwiesen werden; dabei ist das Verhältniß der Zahl der Ausscheidenden zu der Zahl der in der Innung verbleibenden Mitglieder zu berücksichtigen. Gegen die Entscheidung steht den Betheiligten binnen vier Wochen die Beschwerde an die Landes-Zentralbehörde zu; diese entscheidet endgültig. Sonstigen Unterstützungskassen können die aus der Innung ausscheidenden Mitglieder auch ferner angehören.

§. 100n.

Zur Theilnahme an Unterstützungskassen, auf welche die Vorschriften des §. 73 des Krankenversicherungsgesetzes keine Anwendung finden, dürfen Innungsmitglieder gegen ihren Willen nicht verpflichtet werden.

Gemeinsame Geschäftsbetriebe (§. 81b Ziffer 5) dürfen von der Innung nicht errichtet werden; dagegen ist dieselbe befugt, Veranstaltungen zur Förderung der gemeinsamen, gewerblichen und wirthschaftlichen Interessen ihrer Mitglieder, wie die Errichtung von Vorschußkassen, gemeinsamen Ein- und Verkaufsgeschäften und dergleichen anzuregen und durch Aufwendungen aus dem angesammelten Vermögen zu unterstützen. Beiträge dürfen zu diesem Zwecke nicht erhoben werden.

Werden bei der Errichtung einer Zwangsinnung gemeinschaftliche Geschäftsbetriebe einer nach §. 100b Absatz 4 geschlossenen Innung binnen sechs Monaten nach der Veröffentlichung der im §. 100 Absatz 1 bezeichneten Anordnung in Erwerbs- und Wirthschaftsgenossenschaften nach Maßgabe des Gesetzes vom 1. Mai 1889 (Reichs-Gesetzbl. S. 55 ff.) umgewandelt, so geht der für sie ausgesonderte Theil des Innungsvermögens auf die Genossenschaften mit Rechten und Pflichten über. Gemeinsame Geschäftsbetriebe, deren Erhaltung im öffentlichen Interesse wünschenswerth ist, können von der Zwangsinnung mit Genehmigung der höheren Verwaltungsbehörde beibehalten werden. Im Uebrigen sind solche Betriebe durch die höhere Verwaltungsbehörde aufzulösen; mit dem Vermögen ist nach Maßgabe der statutarischen Vorschriften zu verfahren.

§. 100o.

Die Innung hat über den zur Erfüllung ihrer gesetzlichen und statutarischen Aufgaben erforderlichen Kostenaufwand alljährlich einen Haushaltsplan aufzustellen. Der Haushaltsplan ist der Aufsichtsbehörde einzureichen. Dasselbe gilt von Beschlüssen über Aufwendungen für solche Zwecke, welche im Haushaltsplane nicht vorgesehen sind. Wird dem Haushaltsplan oder den bezeichneten Beschlüssen von einem Viertel der Innungsmitglieder widersprochen, so ist die Entscheidung der Aufsichtsbehörde einzuholen.

Die Jahresrechnungen sind der Aufsichtsbehörde einzureichen.

§. 100p.

Die von der Innung gemäß §. 93 Absatz 2 Ziffer 5 erlassenen Vorschriften zur näheren Regelung des Lehrlingswesens bedürfen der Genehmigung der höheren Verwaltungsbehörde. Diese hat vor der Beschlußfassung die Handwerkskammer zu hören.

§. 100q.

Die Innung darf ihre Mitglieder in der Festsetzung der Preise ihrer Waaren oder Leistungen oder in der Annahme von Kunden nicht beschränken.

Entgegenstehende Beschlüsse sind ungültig.

§. 100r.

Von den Mitgliedern des Vorstandes und der Ausschüsse müssen mindestens zwei Drittel das Recht zur Anleitung von Lehrlingen besitzen und der Regel nach Gesellen (Gehülfen) oder Lehrlinge beschäftigen. Die Mitglieder derjenigen Ausschüsse, welchen die Fürsorge für die Durchführung der auf die Regelung des Lehrlingswesens bezüglichen Bestimmungen obliegt, müssen sämmtlich diesen Anforderungen genügen.

Zur Theilnahme an den Geschäften der Innung, welche die Regelung des Lehrlingswesens und die Durchführung der hierüber erlassenen Bestimmungen zum Gegenstande haben, können nur solche Gesellen (Gehülfen) herangezogen werden, welche den Anforderungen des §. 129 entsprechen, jedoch auch dann, wenn sie das vierundzwanzigste Lebensjahr noch nicht vollendet haben. Während der ersten sechs Jahre nach dem Inkrafttreten dieser Bestimmungen können auch Gesellen (Gehülfen), welche diesen Anforderungen nicht entsprechen, gewählt werden, wenn sie eine Lehrzeit von mindestens zwei Jahren zurückgelegt haben.

§. 100s.

Für die Aufbringung der aus der Errichtung und Thätigkeit der Innung und des Gesellenausschusses erwachsenden Kosten (§. 89) ist der Beitragsfuß in der Weise im Statute festzusetzen, daß die Heranziehung der einzelnen Betriebe unter Berücksichtigung ihrer Leistungsfähigkeit zu erfolgen hat. Wo eine Gewerbesteuer erhoben wird, kann die Landes-Zentralbehörde genehmigen, daß die Beiträge durch Zuschläge zu dieser Steuer erhoben werden.

Durch Statut kann bestimmt werden, daß Innungsmitglieder, welche der Regel nach weder Gesellen noch Lehrlinge beschäftigen, von der Verpflichtung zur Zahlung von Beiträgen befreit oder mit geringeren Beiträgen, und Personen, welche der Innung freiwillig beitreten, nach festen Sätzen zu Beiträgen heranzuziehen sind.

Gewerbetreibende, welche neben dem Handwerke, hinsichtlich dessen sie der Innung angehören, noch ein anderes Handwerk oder ein Handelsgeschäft betreiben, sind zu den Beiträgen an die Innung nur nach dem Verhältnisse der Einnahmen aus dem zu der Innung gehörenden Handwerksbetrieb, und soweit die Beiträge durch Zuschläge zu der Gewerbesteuer erhoben werden, nur nach dem Verhältnisse der auf diesen Handwerksbetrieb treffenden Steuer heranzuziehen.

Den Gewerbesteuern im Sinne der Absätze 1 und 3 stehen die Steuern auf das Einkommen aus Gewerben gleich.

Eintrittsgelder dürfen nicht erhoben werden.

Die Erhebung von Gebühren für die Benutzung der von der Innung getroffenen Einrichtungen (§. 88 Absatz 3) unterliegt der Genehmigung der Aufsichtsbehörde.

§. 100t.

Die im §. 100 Absatz 1 bezeichnete Anordnung ist von der höheren Verwaltungsbehörde zurückzunehmen, wenn dies auf Grund eines Beschlusses der Innungsversammlung beantragt wird. Zur Gültigkeit dieses Beschlusses ist erforderlich:

1. daß er von einem Viertel derjenigen Innungsmitglieder, welche der Innung anzugehören verpflichtet sind, bei dem Vorstande beantragt worden ist,
2. daß die Einladung zu der Innungsversammlung, in der die Abstimmung über den Antrag erfolgen soll, mindestens vier Wochen vorher ordnungsmäßig ergangen ist,
3. daß drei Viertel der in Ziffer 1 bezeichneten Innungsmitglieder dem Antrage zustimmen.

Waren in der Innungsversammlung, in welcher die Abstimmung über den Antrag erfolgen soll, weniger als drei Viertel der im Absatz 1 Ziffer 1 bezeichneten Innungsmitglieder erschienen, so ist zur Abstimmung über den Antrag binnen vier Wochen eine zweite Innungsversammlung einzuberufen, in welcher die Zurücknahme von drei Viertel der im Absatz 1 Ziffer 1 bezeichneten und erschienenen Mitglieder beschlossen werden kann. Auf diese Folge ist bei der Einberufung hinzuweisen.

Wird die Zurücknahme der Anordnung auf Grund eines gültigen Beschlusses beantragt, so ist die Innung spätestens mit dem Ablaufe des Rechnungsjahrs von der höheren Verwaltungsbehörde zu schließen.

Auf die Schließung finden die Bestimmungen der §§. 98 und 98a mit der Maßgabe entsprechende

Anwendung, daß eine Vertheilung von Reinvermögen unter die bisherigen Mitglieder unstatthaft ist, und der Rest des Vermögens nach Bestimmung der Aufsichtsbehörde entweder den bei der Innung bisher vorhandenen Unterstützungskassen oder einer freien Innung, welche für die an der bisherigen Zwangsinnung betheiligten Gewerbszweige errichtet wird, oder der Handwerkskammer zu überweisen ist. Die Handwerkskammer hat über das Vermögen in einer den bisherigen Zwecken am meisten entsprechenden Weise zu verfügen. Die Verfügung bedarf der Genehmigung der höheren Verwaltungsbehörde.

Gegen die Verfügung der höheren Verwaltungsbehörde ist binnen zwei Wochen die Beschwerde an die Landes-Zentralbehörde zulässig. Diese entscheidet endgültig.

Wird die Innung aus einem der im §. 97 bezeichneten Gründe geschlossen, so tritt die Anordnung außer Kraft.

§. 100 u.

Die Ausdehnung einer Zwangsinnung auf einen größeren Bezirk oder auf andere, als die bereits einbezogenen, verwandte Gewerbszweige oder auf die Handwerker, die der Regel nach weder Gesellen noch Lehrlinge halten, ist von der höheren Verwaltungsbehörde anzuordnen, wenn die Innungsversammlung sie beschließt, die Mehrheit der in die Innung einzubeziehenden Gewerbetreibenden zustimmt, und die im §. 100 Absatz 1 Ziffer 2 bezeichnete Voraussetzung im Falle dieser Ausdehnung noch zutrifft. Hierbei finden die §§. 100a, 100b, 100d, 100e, 100k bis 100n entsprechende Anwendung.

Die Ausscheidung eines Theiles des Bezirkes einer Zwangsinnung oder eines in diese einbezogenen Gewerbszweigs kann durch die höhere Verwaltungsbehörde verfügt werden, wenn die Ausscheidung zum Zwecke der Zuweisung der Auszuscheidenden zu einer anderen Zwangsinnung erfolgt, außerdem nur dann, wenn die Innungsversammlung oder die Mehrheit der auszuscheidenden Innungsmitglieder es beantragt. In letzterem Falle ist vor Erlaß der Verfügung die Innungsversammlung zu hören. Werden die Ausscheidenden Mitglieder einer anderen Innung, so finden hinsichtlich der vermögensrechtlichen Wirkungen die §§. 100k Absatz 2 und 100m entsprechende Anwendung.

Auf die nach Absatz 1 oder 2 ergehenden Verfügungen der höheren Verwaltungsbehörde finden die Bestimmungen des §. 100b entsprechende Anwendung. Die erforderlichen Abänderungen des Statuts können von der höheren Verwaltungsbehörde angeordnet werden. In diesem Falle findet §. 100d Absatz 3 Anwendung.

II. Innungsausschüsse.

§ 101.

Für alle oder mehrere derselben Aufsichtsbehörde unterstehende Innungen kann ein gemeinsamer

Innungsausschuß gebildet werden. Diesem liegt die Vertretung der gemeinsamen Interessen der betheiligten Innungen ob. Außerdem können ihm Rechte und Pflichten der betheiligten Innungen übertragen werden.

Die Errichtung des Innungsausschusses erfolgt durch ein Statut, welches von den Innungsversammlungen der betheiligten Innungen zu beschließen ist. Das Statut bedarf der Genehmigung der höheren Verwaltungsbehörde. In dem die Genehmigung versagenden Bescheide sind die Gründe anzugeben. Gegen die Versagung kann binnen vier Wochen Beschwerde an die Landes-Zentralbehörde eingelegt werden. Abänderungen des Statuts unterliegen den gleichen Vorschriften.

Durch die Landes-Zentralbehörde kann dem Innungsausschusse die Fähigkeit beigelegt werden, unter seinem Namen Rechte zu erwerben, Verbindlichkeiten einzugehen, vor Gericht zu klagen und verklagt zu werden. In solchem Falle haftet den Gläubigern für alle Verbindlichkeiten des Innungsausschusses nur das Vermögen desselben.

Auf die Beaufsichtigung der Innungsausschüsse finden die Bestimmungen des §. 96 entsprechende Anwendung.

§. 102.

Die Schließung eines Innungsausschusses kann erfolgen, wenn der Ausschuß seinen statutarischen Verpflichtungen nicht nachkommt oder wenn er

Beschlüsse faßt, welche über seine statutarischen Rechte hinausgehen.

Die Schließung wird durch die höhere Verwaltungsbehörde ausgesprochen.

Gegen die die Schließung aussprechende Verfügung findet der Rekurs statt. Wegen des Verfahrens und der Behörden gelten die entsprechenden Bestimmungen des §. 97 Absatz 3.

Die Eröffnung des Konkursverfahrens über das Vermögen eines Innungsausschusses hat die Schließung kraft Gesetzes zur Folge.

Vom Zeitpunkte der Auflösung oder Schließung eines Innungsausschusses ab bleiben die betheiligten Innungen noch für diejenigen Zahlungen verhaftet, zu welchen sie statutarisch für den Fall eigenen Ausscheidens aus dem Innungsausschusse verpflichtet sind.

Auf die Verwendung des Vermögens finden die Vorschriften des §. 98 Absatz 1 und §. 98a entsprechende Anwendung.

Soweit das Statut nicht ein Anderes bestimmt, ist der Austritt aus dem Innungsausschusse jeder Innung mit Ablauf des Rechnungsjahrs gestattet, sofern die Anzeige des Austritts mindestens drei Monate vorher erfolgt.

III. Handwerkskammern.

§. 103.

Zur Vertretung der Interessen des Handwerkes ihres Bezirkes sind Handwerkskammern zu errichten.

Die Errichtung erfolgt durch eine Verfügung der Landes-Zentralbehörde, in welcher der Bezirk der Handwerkskammer zu bestimmen ist. Dabei kann die Bildung von Abtheilungen für einzelne Theile des Bezirkes oder für Gewerbegruppen angeordnet werden.

Durch Verfügung der Landes-Zentralbehörde kann der Bezirk der Handwerkskammer abgeändert werden. In diesem Falle hat eine Vermögensauseinandersetzung unter entsprechender Anwendung des §. 100k Absatz 2 zu erfolgen.

Mehrere Bundesstaaten können sich zur Errichtung gemeinsamer Handwerkskammern vereinigen. In diesem Falle sind die den Behörden übertragenen Befugnisse, soweit nicht eine anderweite Vereinbarung getroffen wird, von den Behörden desjenigen Bundesstaats wahrzunehmen, in welchem die Handwerkskammer ihren Sitz hat.

§. 103a.

Die Zahl der Mitglieder der Handwerkskammer wird durch das Statut bestimmt.

Für die Mitglieder sind Ersatzmänner zu wählen, welche für dieselben in Behinderungsfällen und im Falle des Ausscheidens für den Rest der Wahlperiode in der Reihenfolge der Wahl einzutreten haben.

Die Mitglieder werden gewählt:

1. von den Handwerkerinnungen, welche im Be-

zirke der Handwerkskammer ihren Sitz haben, aus der Zahl der Innungsmitglieder,

2. von denjenigen Gewerbevereinen und sonstigen Vereinigungen, welche die Förderung der gewerblichen Interessen des Handwerkes verfolgen, mindestens zur Hälfte ihrer Mitglieder aus Handwerkern bestehen und im Bezirke der Handwerkskammer ihren Sitz haben, aus der Zahl ihrer Mitglieder, soweit denselben nach den Bestimmungen dieses Gesetzes die Wählbarkeit zusteht. Mitglieder, welche einer Innung angehören oder nicht Handwerker sind, dürfen an der Wahl nicht betheiligt werden.

Die Vertheilung der zu wählenden Mitglieder auf die Wahlkörper, sowie das Wahlverfahren werden durch die von der Landes-Zentralbehörde zu erlassende Wahlordnung geregelt.

§. 103 b.

Wählbar sind nur solche Personen, welche

1. zum Amte eines Schöffen fähig sind (§§ 31, 32 des Gerichtsverfassungsgesetzes);
2. das 30. Lebensjahr zurückgelegt haben;
3. im Bezirke der Handwerkskammer ein Handwerk mindestens seit drei Jahren selbständig betreiben;
4. die Befugniß zur Anleitung von Lehrlingen besitzen.

§. 103c.

Die Wahlen zu den Handwerkskammern und ihren Organen erfolgen auf sechs Jahre. Alle drei Jahre scheidet die Hälfte der Gewählten aus; eine Wiederwahl ist zulässsig.

Die Bestimmungen der §§. 94 bis 94b finden entsprechende Anwendung.

§. 103d.

Die Handwerkskammer kann sich nach näherer Bestimmung des Statuts bis zu einem Fünftel ihrer Mitgliederzahl durch Zuwahl von sachverständigen Personen ergänzen und zu ihren Verhandlungen Sachverständige mit berathender Stimme zuziehen.

Die Handwerkskammer ist berechtigt, aus ihrer Mitte Ausschüsse zu bilden und mit besonderen regelmäßigen oder vorübergehenden Aufgaben zu betrauen. Die Ausschüsse können zu ihren Verhandlungen Sachverständige mit berathender Stimme zuziehen.

§. 103e.

Der Handwerkskammer liegt insbesondere ob:

1. die nähere Regelung des Lehrlingswesens;
2. die Durchführung der für das Lehrlingswesen geltenden Vorschriften zu überwachen;
3. die Staats- und Gemeindebehörden in der Förderung des Handwerkes durch thatsächliche Mittheilungen und Erstattung von Gut-

achten über Fragen zu unterstützen, welche die Verhältnisse des Handwerkes berühren;

4. Wünsche und Anträge, welche die Verhältnisse des Handwerkes berühren, zu berathen und den Behörden vorzulegen, sowie Jahresberichte über ihre die Verhältnisse des Handwerkes betreffenden Wahrnehmungen zu erstatten;
5. die Bildung von Prüfungsausschüssen zur Abnahme der Gesellenprüfung (§. 131 Absatz 2);
6. die Bildung von Ausschüssen zur Entscheidung über Beanstandung von Beschlüssen der Prüfungsausschüsse (§. 132).

Die Handwerkskammer soll in allen wichtigen, die Gesammtinteressen des Handwerkes oder die Interessen einzelner Zweige desselben berührenden Angelegenheiten gehört werden.

Sie ist befugt, Veranstaltungen zur Förderung der gewerblichen, technischen und sittlichen Ausbildung der Meister, Gesellen (Gehülfen) und Lehrlinge zu treffen, sowie Fachschulen zu errichten und zu unterstützen.

§. 103f.

Die Innungen und Innungsausschüsse sind verpflichtet, den von der Handwerkskammer innerhalb ihrer Zuständigkeit erlassenen Anordnungen Folge zu leisten.

Soweit die Bestimmungen des Statuts der Innungen und der Innungsausschüsse oder die von der Innungsversammlung zur näheren Regelung des Lehrlingswesens erlassenen Vorschriften (§. 93 Absatz 2 Ziffer 5) mit den Anordnungen, welche von der Handwerkskammer in Ausübung ihrer gesetzlichen Befugnisse getroffen werden, in Widerspruch treten, sind sie unverbindlich.

§. 103g.

Die Handwerkskammer hat aus ihrer Mitte einen Vorstand zu wählen, welchem nach näherer Bestimmung des Statuts die laufende Verwaltung und Geschäftsführung obliegt.

Auf den Vorstand finden die Bestimmungen der §§. 92a Absatz 2 und 92b entsprechende Anwendung.

Der Beschlußfassung der Gesammtheit der Handwerkskammer bleibt mindestens vorbehalten:

1. die Wahl des Vorstandes und der Ausschüsse;
2. die Feststellung des Haushaltsplans, die Prüfung und Abnahme der Jahresrechnung, die Bewilligung von Ausgaben, welche im Haushaltsplane nicht vorgesehen sind, sowie die Aufnahme von Anleihen;
3. die Abgabe von Gutachten und Anbringung von Anträgen bei den Behörden und gesetzgebenden Körperschaften über Gegenstände,

welche die Gesammtinteressen, insbesondere die Gesetzgebung über die Verhältnisse des Handwerkes, betreffen;

4. der Erlaß von Vorschriften zur Regelung des Lehrlingswesens;
5. die Wahl des Sekretärs. Soll die Anstellung für mehr als sechs Jahre erfolgen, so ist die Genehmigung der Aufsichtsbehörde erforderlich.

Die Vorschriften zur Regelung des Lehrlingswesens bedürfen der Genehmigung der Landes-Zentralbehörde und sind zu veröffentlichen.

§. 103 h.

Bei der Handwerkskammer ist von der Aufsichtsbehörde (§. 103 o) ein Kommissar zu bestellen. Derselbe ist zu jeder Sitzung der Handwerkskammer, ihres Vorstandes und der Ausschüsse einzuladen und muß auf Verlangen jederzeit gehört werden.

Der Kommissar kann jederzeit von den Schriftstücken der Handwerkskammer Einsicht nehmen, Gegenstände zur Berathung stellen und die Einberufung der Handwerkskammer und ihrer Organe verlangen. Er kann Beschlüsse der Handwerkskammer und ihrer Organe, welche deren Befugnisse überschreiten oder die Gesetze verletzen, mit aufschiebender Wirkung beanstanden; über die Beanstandung entscheidet nach Anhörung der Handwerkskammer oder ihrer Organe die Aufsichtsbehörde.

§ 103i.

Bei der Handwerkskammer ist ein Gesellenausschuß zu bilden.

Die Zahl seiner Mitglieder und ihre Vertheilung auf die einzelnen Gesellenausschüsse des Bezirks wird durch das Statut der Handwerkskammer bestimmt.

Für die Mitglieder sind Ersatzmänner zu wählen, welche für dieselben in Behinderungsfällen und im Falle des Ausscheidens für den Rest der Wahlzeit in der Reihenfolge ihrer Wahl einzutreten haben.

Die Mitglieder und Stellvertreter werden unter Leitung der Aufsichtsbehörde mittelst schriftlicher Abstimmung von den Gesellenausschüssen der Innungen gewählt.

Durch die Landes-Zentralbehörde kann angeordnet werden, daß und in welcher Zahl dem Gesellenausschuß auch Vertreter derjenigen Gesellen angehören sollen, welche von den nach § 103a Absatz 3 Ziffer 2 wahlberechtigten Mitgliedern der dort bezeichneten Gewerbevereine und sonstigen Vereinigungen beschäftigt werden. In diesem Falle ist von der Landes-Zentralbehörde auch die Wahl dieser Vertreter zu regeln.

Auf die Wahlberechtigung und die Wählbarkeit finden die Vorschriften der §§. 95a Absatz 1 und 2 und 95c entsprechende Anwendung.

§. 103k.

Der Gesellenausschuß muß mitwirken:

1. beim Erlasse von Vorschriften, welche die Regelung des Lehrlingswesens zum Gegenstande haben;
2. bei Abgabe von Gutachten und Erstattung von Berichten über Angelegenheiten, welche die Verhältnisse der Gesellen (Gehülfen) und Lehrlinge berühren;
3. bei der Entscheidung über Beanstandungen von Beschlüssen der Prüfungsausschüsse (§. 132).

Mit dieser Maßgabe finden die Vorschriften des §. 95 Absatz 3 entsprechende Anwendung; im Falle der Ziffer 2 ist der Gesellenausschuß berechtigt, ein besonderes Gutachten abzugeben oder einen besonderen Bericht zu erstatten.

§. 103l.

Die aus der Errichtung und Thätigkeit der Handwerkskammern erwachsenden Kosten werden, soweit sie nicht anderweit Deckung finden, von den Gemeinden des Handwerkskammerbezirkes nach näherer Bestimmung der höheren Verwaltungsbehörde getragen. Die Gemeinden sind ermächtigt, die auf sie entfallenden Antheile nach einem von der höheren Verwaltungsbehörde zu bestimmenden Vertheilungsmaßstab auf die einzelnen Handwerksbetriebe umzulegen. Werden Veranstaltungen der im §. 103e Absatz 3 bezeichneten Art für einzelne Gewerbszweige getroffen, so können die hieraus entstehenden Kostenantheile von den

Gemeinden nur auf solche Betriebe umgelegt werden, welche diesen Gewerbszweigen angehören.

Die Landes-Zentralbehörde kann bestimmen, daß die Kosten der Handwerkskammer von weiteren Kommunalverbänden statt von den Gemeinden aufgebracht werden. Die Kommunalverbände sind ermächtigt, die Kosten der auf Grund des § 103 e Absatz 3 für einzelne Gewerbszweige getroffenen Veranstaltungen nach einem von der höheren Verwaltungsbehörde zu bestimmenden Vertheilungsmaßstab auf die diesen Gewerbszweigen angehörenden Handwerksbetriebe umzulegen.

Bei der Umlegung der Kosten kann bestimmt werden, daß Personen, welche der Regel nach weder Gesellen noch Lehrlinge halten, von der Verpflichtung zur Zahlung von Beiträgen befreit sind.

§. 103 m.

Für die Handwerkskammer ist von der Landes-Zentralbehörde ein Statut zu erlassen. Ueber Abänderungen des Statuts beschließt die Handwerkskammer. Der Beschluß bedarf der Genehmigung der Landes-Zentralbehörde.

Das Statut muß Bestimmung treffen über:

1. Namen, Sitz und Bezirk der Handwerkskammer;
2. die Zahl der Mitglieder der Handwerkskammer;
3. die Ergänzung der Handwerkskammer durch Zuwahl;

4. die Form der Beschlußfassung;
5. die Wahl und die Befugnisse des Vorstandes;
6. die Form und die Voraussetzungen für die Zusammenberufung der Handwerkskammer und ihrer Organe;
7. die Beurkundung der Beschlüsse der Handwerkskammer und des Vorstandes;
8. die Aufstellung und Genehmigung des Haushaltsplans;
9. die Aufstellung und Abnahme der Jahresrechnung;
10. die Voraussetzungen und die Form einer Abänderung des Statuts;
11. die Bildung von Prüfungsausschüssen;
12. die öffentlichen Blätter, durch welche die Bekanntmachungen der Handwerkskammer zu erfolgen haben.

Die Vorschriften des §. 83 Absatz 3 und des §. 100d Absatz 3 finden entsprechende Anwendung.

Das Statut und seine Abänderungen sind in den Blättern bekannt zu machen, welche für die amtlichen Veröffentlichungen der höheren Verwaltungsbehörden bestimmt sind, über deren Bezirke sich der Bezirk der Handwerkskammer erstreckt.

§. 103n.

Auf die Handwerkskammern finden die Bestimmungen der §§. 86, 88, 89 Absatz 3 und 4, 89a, 89b, 94c, 99 entsprechende Anwendung.

Die Handwerkskammer ist befugt, Zuwiderhandlungen gegen die von ihr innerhalb ihrer Zuständigkeit erlassenen Vorschriften mit Geldstrafen bis zu zwanzig Mark zu bedrohen. Die Festsetzung dieser Geldstrafen erfolgt auf Antrag des Vorstandes oder eines Beauftragten (§. 94c) der Handwerkskammer von der unteren Verwaltungsbehörde. Gegen die Festsetzung steht dem Verurtheilten binnen zwei Wochen die Beschwerde an die unmittelbar vorgesetzte Aufsichtsbehörde zu. Diese entscheidet endgültig.

Der Haushaltsplan der Handwerkskammer bedarf der Genehmigung der Aufsichtsbehörde.

Die durch die Errichtung der Handwerkskammer erwachsenden Kosten sind von der Landes-Zentralbehörde vorzuschießen.

§. 130o.

Die Handwerkskammer unterliegt der Aufsicht der höheren Verwaltungsbehörde, in deren Bezirke sie ihren Sitz hat, soweit nicht im Falle der Ausdehnung des Handwerkskammerbezirkes über die Bezirke mehrerer höheren Verwaltungsbehörden durch die Landes-Zentralbehörde eine abweichende Bestimmung getroffen wird.

Die Vorschriften des §. 96 Absatz 2 bis 7 finden mit der Maßgabe entsprechende Anwendung, daß über Beschwerden gegen Anordnungen und Entscheidungen der Aufsichtsbehörde die Landes-Zentralbehörde entscheidet.

Wenn die Handwerkskammer wiederholter Aufforderung der Aufsichtsbehörde ungeachtet die Erfüllung ihrer Aufgaben vernachlässigt oder sich gesetzwidriger Handlungen oder Unterlassungen schuldig macht, durch welche das Gemeinwohl gefährdet wird, oder andere als die gesetzlich zulässigen Zwecke verfolgt, so kann die Aufsichtsbehörde sie auflösen und Neuwahlen anordnen. Von den bisherigen Mitgliedern kann gegen die Verfügung der Aufsichtsbehörde binnen zwei Wochen Beschwerde an die Landes-Zentralbehörde eingelegt werden, welche endgültig entscheidet.

§. 103p.

Die Behörden sind innerhalb ihrer Zuständigkeit verpflichtet, den im Vollzuge dieses Gesetzes an sie ergehenden Ersuchen der Handwerkskammern und ihrer Organe zu entsprechen. Die gleiche Verpflichtung liegt den Organen der Handwerkskammern unter einander ob. Die höhere Verwaltungsbehörde kann bestimmen, inwieweit die durch die Erfüllung dieser Verpflichtung entstehenden Kosten von der Handwerkskammer als eigene Verwaltungskosten zu erstatten sind.

§. 103q.

Die Landes-Zentralbehörden derjenigen Bundesstaaten, in welchen andere gesetzliche Einrichtungen (Handels- und Gewerbekammern, Gewerbekammern) zur Vertretung der Interessen des Handwerkes vorhanden sind, können diesen Körperschaften die Wahrnehmung der Rechte und Pflichten der Handwerkskammer übertragen, wenn ihre Mitglieder, soweit sie mit der Vertretung der Interessen des Handwerkes betraut sind, aus Wahlen von Handwerkern des Kammerbezirkes hervorgehen und eine gesonderte Abstimmung der dem Handwerk angehörenden Mitglieder gesichert ist.

IV. Innungsverbände.

§. 104.

Innungen, welche nicht derselben Aufsichtsbehörde unterstehen, können zu Verbänden zusammentreten; der Beitritt ist durch die Innungsversammlung zu beschließen.

Die Innungsverbände haben die Aufgabe, zur Wahrnehmung der Interessen der in ihnen vertretenen Gewerbe die Innungen, Innungsausschüsse und Handwerkskammern in der Verfolgung ihrer gesetzlichen Aufgaben, sowie die Behörden durch Vorschläge und Anregungen zu unterstützen; sie sind befugt, den Arbeitsnachweis zu regeln, sowie Fachschulen zu errichten und zu unterstützen.

§. 104 a.

Für den Innungsverband ist ein Statut zu errichten, welches Bestimmungen enthalten muß:

a) über Namen, Zweck und Bezirk des Verbandes;

b) über die Bedingungen der Aufnahme in den Verband und des Ausscheidens aus demselben;
c) über Bildung, Sitz und Befugnisse des Vorstandes;
d) über die Vertretung des Verbandes und ihre Befugnisse;
e) über die Beiträge zu den Ausgaben des Innungsverbandes;
f) über die Voraussetzungen und die Formen einer Abänderung des Statuts;
g) über die Voraussetzungen und die Formen einer Auflösung des Verbandes.

Durch Statut kann bestimmt werden, daß einzelne Gewerbetreibende dem Innungsverband ihres Gewerbes mit den Rechten und Pflichten der Mitglieder der ihm angehörenden Innungen beizutreten berechtigt sind.

Das Statut darf keine Bestimmung enthalten, welche mit den gesetzlichen Zwecken des Verbandes nicht in Verbindung steht oder gesetzlichen Vorschriften zuwiderläuft.

§. 104b.

Das Verbandsstatut bedarf der Genehmigung, und zwar:

a) für Innungsverbände, deren Bezirk nicht über den Bezirk einer höheren Verwaltungsbehörde hinausgreift, durch die letztere;

b) für Innungsverbände, deren Bezirk in die Bezirke mehrerer höherer Verwaltungsbehörden desselben Bundesstaats sich erstreckt, durch die Landes-Zentralbehörde;

c) für Innungsverbände, deren Bezirk sich auf mehrere Bundesstaaten erstreckt, durch den Reichskanzler.

Die Genehmigung ist zu versagen:

1. wenn die Zwecke des Verbandes sich nicht in den gesetzlichen Grenzen halten;
2. wenn das Verbandsstatut den gesetzlichen Anforderungen nicht entspricht.

Außerdem darf die Genehmigung nur versagt werden, wenn die Zahl der dem Verbande beigetretenen Innungen nicht hinreichend erscheint, um die Zwecke des Verbandes wirksam zu verfolgen.

Gegen die Versagung der Genehmigung ist, sofern sie durch eine höhere Verwaltungsbehörde erfolgt, die Beschwerde zulässig.

Aenderungen des Statuts unterliegen den gleichen Vorschriften.

§. 104 c.

Der Verbandsvorstand hat alljährlich im Monat Januar ein Verzeichniß derjenigen Innungen, welche dem Verband angehören, der höheren Verwaltungsbehörde, in deren Bezirk er seinen Sitz hat, einzureichen.

Die Zusammensetzung des Vorstandes und Veränderungen in derselben sind dieser Behörde anzuzeigen. Eine gleiche Anzeige hat zu erfolgen, wenn der Sitz des Vorstandes an einen anderen Ort verlegt wird. Liegt letzterer nicht in dem Bezirke der vorbezeichneten Behörde, so ist die Anzeige an diese und an die höhere Verwaltungsbehörde, in deren Bezirke der Sitz verlegt wird, gleichzeitig zu richten.

§. 104d.

Versammlungen des Verbandsvorstandes und der Vertretung des Verbandes dürfen nur innerhalb des Verbandsbezirkes abgehalten werden.

Sie sind der höheren Verwaltungsbehörde, in deren Bezirke der Vorstand seinen Sitz hat, sowie der höheren Verwaltungsbehörde, in deren Bezirke die Versammlung abgehalten werden soll, unter Einreichung der Tagesordnung mindestens eine Woche vorher anzuzeigen. Der letzteren steht das Recht zu,

a) die Versammlung zu untersagen, wenn die Tagesordnung Gegenstände umfaßt, welche zu den Zwecken des Verbandes nicht in Beziehung stehen;

b) in die Versammlung einen Vertreter zu entsenden und durch diesen die Versammlung zu schließen, wenn die Verhandlungen auf Gegenstände sich erstrecken, welche zu den Zwecken des Verbandes nicht in Beziehung stehen, oder wenn Anträge oder Vorschläge erörtert werden, welche eine Aufforderung oder Anreizung zu strafbaren Handlungen enthalten.

§. 104e.

Die Verbandsvorstände sind befugt, in Betreff der Verhältnisse der in dem Verbande vertretenen Gewerbe an die für die Genehmigung des Verbandsstatuts zuständige Stelle Bericht zu erstatten und Anträge zu richten.

Sie sind verpflichtet, auf Erfordern dieser Stelle Gutachten über gewerbliche Fragen abzugeben.

§. 104f.

Die Innungsverbände können geschlossen werden,

1. wenn sich ergiebt, daß nach §. 104b Ziffer 1 und 2 die Genehmigung hätte versagt werden müssen und die erforderliche Aenderung des Statuts innerhalb einer zu setzenden Frist nicht bewirkt wird;
2. wenn den auf Grund des §. 104d erlassenen Verfügungen nicht Folge geleistet ist;
3. wenn der Verbandsvorstand oder die Vertretung des Verbandes sich gesetzwidriger Handlungen schuldig machen, welche das Gemeinwohl gefährden, oder wenn sie andere als die gesetzlich zulässigen Zwecke verfolgen.

Die Schließung erfolgt durch Beschluß der für die Genehmigung des Verbandsstatuts zuständigen Stelle.

Gegen den Beschluß der höheren Verwaltungsbehörde ist die Beschwerde zulässig.

§. 104g.

Durch Beschluß des Bundesraths kann Innungsverbänden die Fähigkeit beigelegt werden, unter ihren Namen Rechte zu erwerben, Verbindlichkeiten einzugehen, vor Gericht zu klagen oder verklagt zu werden. In solchem Falle haftet dem Gläubiger für alle Verbindlichkeiten des Innungsverbandes nur das Vermögen desselben.

Der Beschluß des Bundesraths ist durch den Reichsanzeiger zu veröffentlichen. Auf diejenigen Innungsverbände, welchen die gedachte Fähigkeit beigelegt ist, finden die Bestimmungen der §§. 104h bis 104n Anwendung.

§. 104h.

Der Innungsverband wird bei gerichtlichen wie bei außergerichtlichen Verhandlungen durch seinen Vorstand vertreten. Die Befugniß zur Vertretung erstreckt sich auch auf diejenigen Geschäfte und Rechtshandlungen, für welche nach den Gesetzen eine Spezialvollmacht erforderlich ist. Durch das Statut kann einem Mitglied oder mehreren Mitgliedern des Vorstandes die Vertretung des Innungsverbandes nach außen übertragen werden.

Zur Legitimation der Vertreter des Innungsverbandes genügt bei allen Rechtsgeschäften die Bescheinigung der höheren Verwaltungsbehörde, in deren Bezirke der Vorstand seinen Sitz hat, daß die bezeichneten Personen zur Vertretung des Verbandes befugt sind.

§. 104i.

Der Innungsverband ist befugt, für die Mitglieder der ihm angeschlossenen Innungen und deren Angehörige zur Unterstützung in Fällen der Krankheit, des Todes, der Arbeitsunfähigkeit oder sonstiger Bedürftigkeit Kassen zu errichten. Die dafür erforderlichen Bestimmungen sind in Nebenstatuten zusammenzufassen; diese, sowie Abänderungen derselben bedürfen der Genehmigung durch den Reichskanzler.

Auf die von dem Innungsverband errichteten Unterstützungskassen finden dieselben Vorschriften Anwendung, welche für gleichartige von einer Zwangsinnung errichtete Kassen gelten.

§. 104k.

Der Innungsverband unterliegt, vorbehaltlich der Vorschrift des §. 104d, der Aufsicht der höheren Verwaltungsbehörde, in deren Bezirke der Vorstand seinen Sitz hat.

Die Aufsichtsbehörde überwacht die Befolgung der gesetzlichen und statutarischen Vorschriften und kann dieselben durch Androhung, Festsetzung und Vollstreckung von Ordnungsstrafen gegen die Inhaber der Aemter des Verbandes erzwingen.

Sie entscheidet Streitigkeiten über die Aufnahme

und Ausschließung von Verbandsmitgliedern, die Beiträge zu den Ausgaben des Innungsverbandes, die Wahlen zu den Verbandsämtern sowie, unbeschadet der Rechte Dritter, über die Rechte und Pflichten der Inhaber derselben.

Der Aufsichtsbehörde ist jährlich ein Rechnungsabschluß nebst Vermögensausweis vorzulegen.

§. 104l.

Die Eröffnung des Konkursverfahrens über das Vermögen des Innungsverbandes hat die Schließung des letzteren kraft Gesetzes zur Folge. Der Vorstand des Innungsverbandes hat jedoch die während des Konkursverfahrens dem Gemeinschuldner zustehenden Rechte wahrzunehmen.

§. 104m.

Bei der statutmäßig beschlossenen Auflösung eines Innungsverbandes wird die Abwickelung der Geschäfte, sofern die Verbandsvertretung nicht anderweitig beschließt, durch den Vorstand unter Aufsicht der im §. 104k bezeichneten Behörde vollzogen. Genügt der Vorstand seiner Verpflichtung nicht oder tritt die Schließung auf Grund des §. 104f oder des §. 104l ein, so erfolgt die Abwickelung der Geschäfte durch einen Beauftragten der Aufsichtsbehörde.

Von dem Zeitpunkte der Auflösung oder Schließung ab bleiben die Verbandsmitglieder auch für diejenigen Zahlungen verhaftet, zu welchen sie statutarisch für den Fall eigenen Ausscheidens aus den Verbandsverhältnissen verpflichtet sind. Das Recht, diese Beiträge auszuschreiben und einzuziehen, steht dem mit Abwickelung der Geschäfte Beauftragten zu.

§. 104n.

Im Falle der Auflösung oder Schließung des Innungsverbandes muß sein Vermögen zuvörderst zur Berichtigung seiner Schulden und zur Erfüllung seiner sonstigen Verbindlichkeiten verwendet werden. War dasselbe bisher ganz oder theilweise zur Fundirung von Unterrichtsanstalten oder zu anderen öffentlichen Zwecken bestimmt, so darf der nach Berichtigung der Schulden übrig bleibende Theil des Vermögens dieser Bestimmung nicht entzogen werden; über seine fernere Verwendung wird von der im §. 104b Absatz 1 bezeichneten Behörde Anordnung getroffen.

Bedarf es zum Fortbestande der von dem Innungsverband errichteten Unterrichtsanstalten oder Unterstützungskassen als selbstständiger Anstalten der Genehmigung des Landesherrn oder einer Behörde des Staates, in welchem die fernere Verwaltung der Anstalt stattfinden soll, so hat die im vorstehenden Absatze bezeichnete Behörde diese Genehmigung herbeizuführen.

Das hiernach verbleibende Reinvermögen des Innungsverbandes wird, soweit die Verbandsvertretung nicht anders beschließt, unter die Innungen, welche dem Verbande zur Zeit der Auflösung oder Schließung angehört haben, nach dem Verhältnisse der von ihnen an den Verband in dem der Auflösung oder Schließung vorangegangenen Jahre geleisteten Beiträge vertheilt. Streitigkeiten hierüber werden von der im §. 104k bezeichneten Stelle endgültig entschieden.

Artikel 2.

Die §§. 126 bis 133 (Titel VII Abschnitt III) der Gewerbeordnung werden durch folgende Bestimmungen ersetzt:

III. Lehrlingsverhältnisse.

A. Allgemeine Bestimmungen.

§. 126.

Die Befugniß zum Halten oder zur Anleitung von Lehrlingen steht Personen, welche sich nicht im Besitze der bürgerlichen Ehrenrechte befinden, nicht zu.

§. 126a.

Die Befugniß zum Halten und zur Anleitung von Lehrlingen kann solchen Personen ganz oder auf Zeit entzogen werden, welche sich wiederholt grober Pflichtverletzungen gegen die ihnen anvertrauten Lehrlinge schuldig gemacht haben, oder gegen welche Thatsachen vorliegen, die sie in sittlicher Beziehung zum Halten oder zur Anleitung von Lehrlingen ungeeignet erscheinen lassen.

Die Befugniß zur Anleitung von Lehrlingen kann ferner solchen Personen entzogen werden, welche wegen geistiger oder körperlichen Gebrechen zur sachgemäßen Anleitung eines Lehrlings nicht geeignet sind.

Die Entziehung erfolgt durch Verfügung der unteren Verwaltungsbehörde; gegen die Verfügung findet der Rekurs statt. Wegen des Verfahrens und der Behörden gelten die Vorschriften der §§. 20 und 21, soweit nicht landesgesetzlich das Verfahren in streitigen Verwaltungssachen Platz greift.

Durch die höhere Verwaltungsbehörde kann die entzogene Befugniß nach Ablauf eines Jahres wieder eingeräumt werden.

§. 126 b.

Der Lehrvertrag ist binnen vier Wochen nach Beginn der Lehre schriftlich abzuschließen. Derselbe muß enthalten:

1. die Bezeichnung des Gewerbes oder des Zweiges der gewerblichen Thätigkeit, in welchem die Ausbildung erfolgen soll;
2. die Angabe der Dauer der Lehrzeit;
3. die Angabe der gegenseitigen Leistungen;
4. die gesetzlichen und sonstigen Voraussetzungen, unter welchen die einseitige Auflösung des Vertrags zulässig ist.

Der Lehrvertrag ist von dem Gewerbetreibenden oder seinem Stellvertreter, dem Lehrling und dem

Vater oder Vormunde des Lehrlings zu unterschreiben und in einem Exemplare dem Vater oder Vormunde des Lehrlinges auszuhändigen. Der Lehrherr ist verpflichtet, der Ortspolizeibehörde auf Erfordern den Lehrvertrag einzureichen.

Auf Lehrlinge in staatlich anerkannten Lehrwerkstätten finden diese Bestimmungen keine Anwendung.

Der Lehrvertrag ist kosten- und stempelfrei.

§. 127.

Der Lehrherr ist verpflichtet, den Lehrling in den bei seinem Betriebe vorkommenden Arbeiten des Gewerbes dem Zwecke der Ausbildung entsprechend zu unterweisen, ihn zum Besuche der Fortbildungs- oder Fachschule anzuhalten und den Schulbesuch zu überwachen Er muß entweder selbst oder durch einen geeigneten, ausdrücklich dazu bestimmten Vertreter die Ausbildung des Lehrlinges leiten, den Lehrling zur Arbeitsamkeit und zu guten Sitten anhalten und vor Ausschweifungen bewahren, er hat ihn gegen Mißhandlungen seitens der Arbeits- und Hausgenossen zu schützen und dafür Sorge zu tragen, daß dem Lehrlinge nicht Arbeitsverrichtungen zugewiesen werden, welche seinen körperlichen Kräften nicht angemessen sind.

Er darf dem Lehrlinge die zu seiner Ausbildung und zum Besuche des Gottesdienstes an Sonn- und Festtagen erforderliche Zeit und Gelegenheit nicht entziehen. Zu häuslichen Dienstleistungen dürfen Lehrlinge, welche im Hause des Lehrherrn weder Kost noch Wohnung erhalten, nicht herangezogen werden.

§ 127a.

Der Lehrling ist der väterlichen Zucht des Lehrherrn unterworfen und dem Lehrherrn sowie demjenigen, welcher an Stelle des Lehrherrn die Ausbildung zu leiten hat, zur Folgsamkeit und Treue, zu Fleiß und anständigem Betragen verpflichtet.

Uebermäßige und unanständige Züchtigungen sowie jede die Gesundheit des Lehrlinges gefährdende Behandlung sind verboten.

§. 127b.

Das Lehrverhältniß kann, wenn eine längere Frist nicht vereinbart ist, während der ersten vier Wochen nach Beginn der Lehrzeit durch einseitigen Rücktritt aufgelöst werden. Eine Vereinbarung, wonach diese Probezeit mehr als drei Monate betragen soll, ist nichtig.

Nach Ablauf der Probezeit kann der Lehrling vor Beendigung der verabredeten Lehrzeit entlassen werden, wenn einer der im §. 123 vorgesehenen Fälle auf ihn Anwendung findet oder wenn er die ihm im §. 127a auferlegten Pflichten wiederholt verletzt oder den Besuch der Fortbildungs- oder Fachschule vernachlässigt.

Von Seiten des Lehrlinges kann das Lehrverhältniß nach Ablauf der Probezeit aufgelöst werden, wenn:

1. einer der im §. 124 unter Ziffer 1, 3 bis 5 vorgesehenen Fälle vorliegt;
2. der Lehrherr seine gesetzlichen Verpflichtungen gegen den Lehrling in einer die Gesundheit, die Sittlichkeit oder die Ausbildung des Lehrlinges gefährdenden Weise vernachlässigt, oder das Recht der väterlichen Zucht mißbraucht, oder zur Erfüllung der ihm vertragsmäßig obliegenden Verpflichtungen unfähig wird.

Der Lehrvertrag wird durch den Tod des Lehrlinges aufgehoben. Durch den Tod des Lehrherrn gilt der Lehrvertrag als aufgehoben, sofern die Aufhebung binnen vier Wochen geltend gemacht wird.

Reichs-Gewerbe-Ordnung.

§. 123. Vor Ablauf der vertragsmäßigen Zeit und ohne Aufkündigung können Gesellen und Gehülfen entlassen werden:

1. wenn sie bei Abschluß des Arbeitsvertrages den Arbeitgeber durch Vorzeigung falscher oder verfälschter Arbeitsbücher oder Zeugnisse hintergangen oder ihn über das Bestehen eines anderen, sie gleichzeitig verpflichtenden Arbeitsverhältnisses in einen Irrthum versetzt haben;
2. wenn sie eines Diebstahls, einer Entwendung, einer Unterschlagung, eines Betruges oder eines liederlichen Lebenswandels sich schuldig machen;
3. wenn sie die Arbeit unbefugt verlassen haben oder sonst den nach dem Arbeitsvertrage ihnen ob-

liegenden Verpflichtungen nachzukommen beharrlich verweigern;
4. wenn sie der Verwarnung ungeachtet mit Feuer und Licht unvorsichtig umgehen;
5. wenn sie sich Thätlichkeiten oder grobe Beleidigungen gegen den Arbeitgeber oder seine Vertreter oder gegen die Familienangehörigen des Arbeitgebers oder seiner Vertreter zu Schulden kommen lassen;
6. wenn sie einer vorsätzlichen und rechtswidrigen Sachbeschädigung zum Nachtheile des Arbeitgebers oder eines Mitarbeiters sich schuldig machen;
7. wenn sie Familienangehörige des Arbeitgebers oder seiner Vertreter oder Mitarbeiter zu Handlungen verleiten oder zu verleiten versuchen oder mit Familienangehörigen des Arbeitgebers oder seiner Vertreter Handlungen begehen, welche wider die Gesetze oder die guten Sitten verstoßen;
8. wenn sie zur Fortsetzung der Arbeit unfähig oder mit einer abschreckenden Krankheit behaftet sind.

In den unter Nr. 1 bis 7 gedachten Fällen ist die Entlassung nicht mehr zulässig, wenn die zu Grunde liegenden Thatsachen dem Arbeitgeber länger als eine Woche bekannt sind.

Inwiefern in den unter Nr. 8 gedachten Fällen dem Entlassenen ein Anspruch auf Entschädigung zustehe, ist nach dem Inhalt des Vertrages und nach den allgemeinen gesetzlichen Vorschriften zu beurtheilen.

§. 124. Vor Ablauf der vertragsmäßigen Zeit und ohne Aufkündigung können Gesellen und Gehülfen die Arbeit verlassen:
1. wenn sie zur Fortsetzung der Arbeit unfähig werden;
2. — — — — — — — — — — — — — — — — — —
3. wenn der Arbeitgeber oder seine Vertreter oder Familienangehörige derselben die Arbeiter oder

deren Familienangehörige zu Handlungen verleiten oder zu verleiten versuchen oder mit den Familienangehörigen der Arbeiter Handlungen begehen, welche wider die Gesetze oder die guten Sitten laufen;

4. wenn der Arbeitgeber den Arbeitern den schuldigen Lohn nicht in der bedungenen Weise auszahlt, bei Stücklohn nicht für ihre ausreichende Beschäftigung sorgt, oder wenn er sich widerrechtlicher Uebervortheilungen gegen sie schuldig macht;

5. wenn bei Fortsetzung der Arbeit das Leben oder die Gesundheit der Arbeiter einer erweislichen Gefahr ausgesetzt sein würde, welche bei Eingehung des Arbeitsvertrages nicht zu erkennen war.

§. 127 c.

Bei Beendigung des Lehrverhältnisses hat der Lehrherr dem Lehrling unter Angabe des Gewerbes, in welchem der Lehrling unterwiesen worden ist, über die Dauer der Lehrzeit und die während derselben erworbenen Kenntnisse und Fertigkeiten, sowie über sein Betragen ein Zeugniß auszustellen, welches von der Gemeindebehörde kosten- und stempelfrei zu beglaubigen ist.

An Stelle dieser Zeugnisse treten, wo Innungen oder andere Vertretungen der Gewerbetreibenden bestehen, die von diesen ausgestellten Lehrbriefe.

§. 127 d.

Verläßt der Lehrling in einem durch dies Gesetz nicht vorgesehenen Falle ohne Zustimmung des

Lehrherrn die Lehre, so kann letzterer den Anspruch auf Rückkehr des Lehrlings nur geltend machen, wenn der Lehrvertrag schriftlich geschlossen ist. Die Polizeibehörde kann in diesem Falle auf Antrag des Lehrherrn den Lehrling anhalten, so lange in der Lehre zu verbleiben, als durch gerichtliches Urtheil das Lehrverhältniß nicht für aufgelöst erklärt ist, oder dem Lehrlinge durch einstweilige Verfügung eines Gerichts gestattet ist, der Lehre *fern zu bleiben. Der Antrag ist nur zuläſſig, wenn* er binnen einer Woche nach dem Austritte des Lehrlinges gestellt ist. Im Falle unbegründeter Weigerung der Rückkehr hat die Polizeibehörde den Lehrling zwangsweise zurückführen zu lassen oder durch Androhung von Geldstrafe bis zu fünfzig Mark oder Haft bis zu fünf Tagen zur Rückkehr anzuhalten.

§. 127e.

Wird von dem Vater oder Vormunde für den Lehrling oder, sofern der letztere volljährig ist, von ihm selbst dem Lehrherrn die schriftliche Erklärung abgegeben, daß der Lehrling zu einem anderen Gewerbe oder anderen Beruf übergehen werde, so gilt das Lehrverhältniß, wenn der Lehrling nicht früher entlassen wird, nach Ablauf von vier Wochen als aufgelöst. Den Grund der Auflösung hat der Lehrherr in dem Arbeitsbuche zu vermerken.

Binnen neun Monaten nach der Auflösung darf der Lehrling in demselben Gewerbe von einem anderen Arbeitgeber ohne Zustimmung des früheren Lehrherrn nicht beschäftigt werden.

§. 127f.

Erreicht das Lehrverhältniß vor Ablauf der verabredeten Lehrzeit sein Ende, so kann von dem Lehrherrn oder von dem Lehrling ein Anspruch auf Entschädigung nur geltend gemacht werden, wenn der Lehrvertrag schriftlich geschlossen ist. In den Fällen des §. 127b Absatz 1 und 4 kann der Anspruch nur geltend gemacht werden, wenn dieses in dem Lehrvertrag unter Festsetzung der Art und Höhe der Entschädigung vereinbart ist.

Der Anspruch der Entschädigung erlischt, wenn er nicht innerhalb vier Wochen nach Auflösung des Lehrverhältnisses im Wege der Klage oder Einrede geltend gemacht ist.

§. 127g.

Ist von dem Lehrherrn das Lehrverhältniß aufgelöst worden, weil der Lehrling die Lehre unbefugt verlassen hat, so ist die von dem Lehrherrn beanspruchte Entschädigung, wenn in dem Lehrvertrage nicht ein geringerer Betrag ausbedungen ist, auf einen Betrag festzusetzen, welcher für jeden auf den Tag des Vertragsbruchs folgenden Tag der Lehrzeit, höchstens aber für sechs Monate, bis auf die

Hälfte des in dem Gewerbe des Lehrherrn den Gesellen oder Gehülfen ortsüblich gezahlten Lohnes sich belaufen darf.

Für die Zahlung der Entschädigung sind als Selbstschuldner mitverhaftet der Vater des Lehrlinges sowie derjenige Arbeitgeber, welcher den Lehrling zum Verlassen der Lehre verleitet oder welcher ihn in Arbeit genommen hat, obwohl er wußte, daß der Lehrling zur Fortsetzung eines Lehrverhältnisses noch verpflichtet war. Hat der Entschädigungsberechtigte erst nach Auflösung des Lehrverhältnisses von der Person des Arbeitgebers, welcher den Lehrling verleitet oder in Arbeit genommen hat, Kenntniß erhalten, so erlischt gegen diese der Entschädigungsanspruch erst, wenn derselbe nicht innerhalb vier Wochen nach erhaltener Kenntniß geltend gemacht ist.

§. 128.

Wenn der Lehrherr eine im Mißverhältnisse zu dem Umfang oder der Art seines Gewerbebetriebs stehende Zahl von Lehrlingen hält und dadurch die Ausbildung der Lehrlinge gefährdet erscheint, so kann dem Lehrherrn von der unteren Verwaltungsbehörde die Entlassung eines entsprechenden Theiles der Lehrlinge auferlegt und die Annahme von Lehrlingen über eine bestimmte Zahl hinaus untersagt werden. Die Bestimmungen des §. 126a Absatz 3 finden hierbei entsprechende Anwendung.

Unbeschadet der vorstehenden Bestimmung können durch Beschluß des Bundesraths für einzelne Gewerbszweige Vorschriften über die höchste Zahl der Lehrlinge erlassen werden, welche in Betrieben dieser Gewerbszweige gehalten werden darf. Soweit solche Vorschriften nicht erlassen sind, können sie durch Anordnung der Landes-Zentralbehörde erlassen werden.

B. Besondere Bestimmungen für Handwerker.

§. 129.

In Handwerksbetrieben steht die Befugniß zur Anleitung von Lehrlingen nur denjenigen Personen zu, welche das vierundzwanzigste Lebensjahr vollendet haben und in dem Gewerbe oder in dem Zweige des Gewerbes, in welchem die Anleitung der Lehrlinge erfolgen soll,

entweder die von der Handwerkskammer vorgeschriebene Lehrzeit, oder solange die Handwerkskammer eine Vorschrift über die Dauer der Lehrzeit nicht erlassen hat, mindestens eine dreijährige Lehrzeit zurückgelegt und die Gesellenprüfung bestanden haben,

oder fünf Jahre hindurch persönlich das Handwerk selbständig ausgeübt haben oder als Werkmeister oder in ähnlicher Stellung thätig gewesen sind.

Die höhere Verwaltungsbehörde kann Personen, welche diesen Anforderungen nicht entsprechen, die Befugniß zur Anleitung von Lehrlingen verleihen. Gehört die Person einer Innung an oder besteht an ihrem Wohnorte für den Gewerbszweig, welchem sie angehört, eine Innung, so ist die letztere vor der Entscheidung von der höheren Verwaltungsbehörde zu hören.

Die Unterweisung des Lehrlinges in einzelnen technischen Handgriffen und Fertigkeiten durch einen Gesellen fällt nicht unter die im Absatz 1 vorgesehenen Bestimmungen.

Die Zurücklegung der Lehrzeit kann auch in einem dem Gewerbe angehörenden Großbetriebe erfolgen und durch den Besuch einer Lehrwerkstätte oder sonstigen gewerblichen Unterrichtsanstalt ersetzt werden. Die Landes-Zentralbehörden können den Prüfungszeugnissen von Lehrwerkstätten, gewerblichen Unterrichtsanstalten oder von Prüfungsbehörden, welche vom Staate für einzelne Gewerbe oder zum Nachweise der Befähigung zur Anstellung in staatlichen Betrieben eingesetzt sind, die Wirkung der Verleihung der im Absatz 1 bezeichneten Befugniß für bestimmte Gewerbszweige beilegen.

Der Bundesrath ist befugt, für einzelne Gewerbe Ausnahmen von den Bestimmungen im Absatz 1 zuzulassen.

§. 129a.

Der Unternehmer eines Betriebs, in welchem

mehrere Gewerbe vereinigt sind, ist befugt, in allen zu dem Betriebe vereinigten Gewerben Lehrlinge anzuleiten, wenn er für eines dieser Gewerbe den Voraussetzungen des §. 129 entspricht.

Wer für einen gesondert betriebenen Zweig eines Gewerbes den Voraussetzungen des §. 129 entspricht, ist berechtigt, auch in den übrigen Zweigen dieses Gewerbes Lehrlinge anzuleiten.

Wer für ein Gewerbe den Voraussetzungen des §. 129 entspricht, ist berechtigt, auch in den diesem verwandten Gewerben Lehrlinge anzuleiten. Welche Gewerbe als verwandte Gewerbe im Sinne dieser Bestimmung anzusehen sind, bestimmt die Handwerkskammer.

Das gemäß §. 131c Absatz 2 dem Prüfungsausschusse vorzulegende Lehrzeugniß darf nur für dasjenige Gewerbe ausgestellt werden, für welches der Lehrherr oder sein Vertreter (§. 127 Absatz 1) zur Anleitung von Lehrlingen befugt ist.

§. 129b.

Gehört der Lehrherr einer Innung an, so ist er verpflichtet, eine Abschrift des Lehrvertrags binnen vierzehn Tagen nach Abschluß desselben der Innung einzureichen; er kann hierzu durch die Ortspolizeibehörde angehalten werden.

Die Innungen können bestimmen, daß der Abschluß des Lehrvertrags vor der Innung erfolgen soll. In diesem Falle ist dem Lehrherrn und dem

Vater oder Vormunde des Lehrlinges eine Abschrift des Lehrvertrags auszuhändigen.

§. 130.

Soweit durch den Bundesrath oder die Landes-Zentralbehörde auf Grund des §. 128 Absatz 2 Vorschriften über die zulässige Zahl von Lehrlingen nicht erlassen sind, ist die Handwerkskammer und die Innung zum Erlasse solcher Vorschriften befugt.

§. 130a.

Die Lehrzeit soll in der Regel drei Jahre dauern, sie darf den Zeitraum von vier Jahren nicht übersteigen.

Von der Handwerkskammer kann mit Genehmigung der höheren Verwaltungsbehörde die Dauer der Lehrzeit für die einzelnen Gewerbe oder Gewerbszweige nach Anhörung der betheiligten Innungen und der im §. 103a Absatz 3 Ziffer 2 bezeichneten Vereinigungen festgesetzt werden.

Die Handwerkskammer ist befugt, Lehrlinge in Einzelfällen von der Innehaltung der festgesetzten Lehrzeit zu entbinden.

§. 131.

Den Lehrlingen ist Gelegenheit zu geben, sich nach Ablauf der Lehrzeit der Gesellenprüfung (§. 129 Absatz 1) zu unterziehen.

Die Abnahme der Prüfung erfolgt durch Prüfungsausschüsse. Bei jeder Zwangsinnung wird ein Prüfungsausschuß gebildet, bei anderen Innungen nur dann, wenn ihnen die Ermächtigung zur Abnahme der Prüfungen von der Handwerkskammer ertheilt ist. Soweit für die Abnahme der Prüfungen für die einzelnen Gewerbe nicht durch Prüfungsausschüsse der Innungen und die im §. 129 Absatz 4 bezeichneten Lehrwerkstätten, gewerblichen Unterrichtsanstalten und Prüfungsbehörden gesorgt ist, hat die Handwerkskammer die erforderlichen Prüfungsausschüsse zu errichten.

§. 131a.

Die Prüfungsausschüsse bestehen aus einem Vorsitzenden und mindestens zwei Beisitzern.

Der Vorsitzende des Prüfungsausschusses wird von der Handwerkskammer bestellt. Von den Beisitzern wird bei dem Prüfungsausschuß einer Innung die Hälfte durch diese, die andere Hälfte aus der Zahl der Gesellen, welche eine Gesellenprüfung bestanden haben, durch den Gesellenausschuß bestellt. Bei den von der Handwerkskammer errichteten Prüfungsausschüssen werden auch die Beisitzer von der Handwerkskammer bestellt; die Hälfte der Beisitzer muß aus Gesellen bestehen.

Die Bestellung der Mitglieder der Prüfungsausschüsse erfolgt in der Regel auf drei Jahre.

Während der ersten sechs Jahre nach dem Inkrafttreten dieser Bestimmungen können auch Gesellen (Gehülfen), welche die Gesellenprüfung nicht abgelegt haben, gewählt werden, wenn sie eine Lehrzeit von mindestens zwei Jahren zurückgelegt haben.

§. 131 b.

Die Prüfung hat den Nachweis zu erbringen, daß der Lehrling die in seinem Gewerbe gebräuchlichen Handgriffe und Fertigkeiten mit genügender Sicherheit ausübt und sowohl über den Werth, die Beschaffung, Aufbewahrung und Behandlung der zu verarbeitenden Rohmaterialien, als auch über die Kennzeichen ihrer guten oder schlechten Beschaffenheit unterrichtet ist.

Im Uebrigen werden das Verfahren vor dem Prüfungsausschusse, der Gang der Prüfung und die Höhe der Prüfungsgebühren durch eine Prüfungsordnung geregelt, welche von der höheren Verwaltungsbehörde im Einvernehmen mit der Handwerkskammer erlassen wird. Kommt ein Einvernehmen nicht zu Stande, so entscheidet die Landes-Zentralbehörde.

Durch die Prüfungsordnung kann bestimmt werden, daß die Prüfung auch in der Buch- und Rechnungsführung zu erfolgen hat. In diesem Falle ist der Prüfungsausschuß befugt, einen besonderen Sachverständigen zuzuziehen, welcher an der Prüfung mit vollem Stimmrechte Theil nimmt. Bei Stimmengleichheit giebt die Stimme des Vorsitzenden den Ausschlag.

Die Kosten der Prüfung werden, sofern diese von dem Prüfungsausschuß einer Innung abgehalten wird, von letzterer, im Uebrigen von der

Handwerkskammer getragen. Diesen fließen die Prüfungsgebühren zu.

§. 131c.

Die Innung und der Lehrherr sollen den Lehrling anhalten, sich nach Ablauf der Lehrzeit der Gesellenprüfung (§. 129 Absatz 1) zu unterziehen.

Das Gesuch um Zulassung zur Prüfung hat der Lehrling an den Prüfungsausschuß zu richten. Dem Gesuche sind das Lehrzeugniß (§. 127c) und, sofern der Prüfling während der Lehrzeit zum Besuch einer Fortbildungs- oder Fachschule verpflichtet war, die Zeugnisse über den Schulbesuch beizufügen.

Der Prüfungsausschuß hat das Ergebniß der Prüfung auf dem Lehrzeugniß oder Lehrbriefe zu beurkunden. Wird die Prüfung nicht bestanden, so hat der Prüfungsausschuß den Zeitraum zu bestimmen, vor dessen Ablaufe die Prüfung nicht wiederholt werden darf.

Die Prüfungszeugnisse sind kosten- und stempelfrei.

§. 132.

Der Vorsitzende ist berechtigt, Beschlüsse des Prüfungsausschusses mit aufschiebender Wirkung zu beanstanden. Ueber die Beanstandung entscheidet die Handwerkskammer (§. 103e Ziffer 6).

§. 132a.

Die Landes-Zentralbehörden sind befugt, die Bestellung der Prüfungsausschüsse, das Verfahren bei der Prüfung, die Gegenstände der Prüfung sowie die Prüfungsgebühren abweichend von den Vorschriften der §§. 131 bis 132 zu regeln, dabei darf jedoch hinsichtlich der bei der Prüfung zu stellenden Anforderungen nicht unter das im §. 131b Absatz 1 bestimmte Maß herabgegangen werden.

IIIa. Meistertitel.

§. 133.

Den Meistertitel in Verbindung mit der Bezeichnung eines Handwerkes dürfen nur Handwerker führen, wenn sie in ihrem Gewerbe die Befugniß zur Anleitung von Lehrlingen erworben (§ 129) und die Meisterprüfung bestanden haben. Zu letzterer sind sie in der Regel nur zuzulassen, wenn sie mindestens drei Jahre als Geselle (Gehülfe) in ihrem Gewerbe thätig gewesen sind. Die Abnahme der Prüfung erfolgt durch Prüfungskommissionen, welche aus einem Vorsitzenden und vier Beisitzern bestehen.

Die Errichtung der Prüfungskommissionen erfolgt nach Anhörung der Handwerkskammer durch Verfügung der höheren Verwaltungsbehörde, welche auch die Mitglieder ernennt; die Ernennung erfolgt auf drei Jahre.

Die Prüfung hat den Nachweis der Befähigung zur selbständigen Ausführung und Kostenberechnung der gewöhnlichen Arbeiten des Gewerbes sowie der zu dem selbständigen Betriebe desselben sonst nothwendigen Kenntnisse, insbesondere auch der Buch- und Rechnungsführung, zu erbringen.

Das Verfahren vor der Prüfungskommission, der Gang der Prüfung und die Höhe der Prüfungsgebühren werden durch eine von der Handwerkskammer mit Genehmigung der Landes-Zentralbehörde zu erlassende Prüfungsordnung geregelt.

Die Kosten der Prüfungskommissionen fallen der Handwerkskammer zur Last, welcher die Prüfungsgebühren zufließen.

Die Prüfungszeugnisse sind kosten- und stempelfrei.

Der Meisterprüfung im Sinne der vorstehenden Bestimmungen können von der Landes-Zentralbehörde die von ihr angeordneten Prüfungen bei Anstalten und Einrichtungen der im §. 129 Absatz 4 bezeichneten Art gleichgestellt werden, sofern bei denselben mindestens die gleichen Anforderungen gestellt werden wie bei den im Absatz 1 vorgesehenen Prüfungen.

Artikel 3.

1. Der bisherige Abschnitt IIIa des Titels VII der Gewerbeordnung erhält die Bezeichnung IIIb.

2. Der §. 134 Absatz 1 der Gewerbeordnung erhält folgende Fassung:

> Auf Fabrikarbeiter finden die Bestimmungen der §§. 121 bis 125 oder, wenn die Fabrikarbeiter als Lehrlinge anzusehen sind, die Bestimmungen der §§. 126 bis 128 Anwendung.

3. Hinter §. 144 der Gewerbeordnung wird folgender §. 144a eingeschoben:

Personen, welche den Bestimmungen der §§. 126, 126a und 129 entgegen Lehrlinge halten, anleiten oder anleiten lassen, können von der Ortspolizeibehörde durch Zwangsstrafen zur Entlassung der Lehrlinge angehalten werden.

In gleicher Weise kann die Entlassung derjenigen Lehrlinge, welche den auf Grund der §§. 81a Ziffer 3, 128 Absatz 2 und 130 erlassenen Vorschriften entgegen angenommen sind, verfügt werden.

Artikel 4.

1. Im §. 148 der Gewerbeordnung werden folgende Ziffern 9a, b und c eingeschoben:

9a. wer den §§. 126 und 126a zuwider Lehrlinge hält, anleitet oder anleiten läßt,

9b. wer dem §. 129 oder den auf Grund der §§. 128 und 130 erlassenen Vorschriften zuwider Lehrlinge hält, anleitet oder anleiten läßt,

9c. wer unbefugt den Meistertitel führt.

2. Die Ziffer 10 des §. 148 der Gewerbeordnung erhält folgende Fassung:

wer wissentlich der Bestimmung im §. 127e Absatz 2 zuwider einen Lehrling beschäftigt.

3. Absatz 1 Ziffer 8 und Absatz 2 des §. 149 der Gewerbeordnung werden aufgehoben.

4. Im §. 150 der Gewerbeordnung wird folgende Ziffer 4a eingeschoben:

> der Lehrherr, welcher den Lehrvertrag nicht ordnungsmäßig abschließt (§§. 103e Absatz 1 Ziffer 1 und 126b).

Artikel 5.

Soweit in anderen Gesetzen auf Bestimmungen der bisherigen Titel VI und VII der Gewerbeordnung Bezug genommen wird, treten die entsprechenden Bestimmungen dieses Gesetzes an deren Stelle.

Mit dem Inkrafttreten des Bürgerlichen Gesetzbuchs werden im §. 126b Absatz 2 Satz 1 des Artikels 2 die Worte „Vater oder Vormunde“ durch die Worte „gesetzlichen Stellvertreter“ ersetzt.

Uebergangsbestimmungen.

Artikel 6.

1. Auf bestehende Innungen finden die Vorschriften dieses Gesetzes Anwendung; sie haben innerhalb eines Jahres nach dem Inkrafttreten der in den §§. 81 bis 99 des Artikels 1 vorgesehenen Bestimmungen ihre Verfassung diesen Vorschriften entsprechend umzugestalten. Wird die Umgestaltung nicht bewirkt, so hat die höhere Verwaltungsbehörde die erforderliche Abänderung anzuordnen und, falls

dieser Anordnung nicht Folge gegeben wird, entweder die Aenderung mit rechtsverbindlicher Kraft zu verfügen oder die Innung zu schließen.

2. Die von der höheren Verwaltungsbehörde auf Grund der bisherigen §§. 100e und 100f der Gewerbeordnung getroffenen Bestimmungen werden mit dem Ablaufe von sechs Monaten nach dem Inkrafttreten der §§. 81 bis 99 des Artikels 1 aufgehoben.

Wird innerhalb dieser Frist der Antrag auf Erlaß der im §. 100 Absatz 1 des Artikels 1 bezeichneten Anordnung von einer Innung gestellt, für welche Bestimmungen auf Grund der bisherigen §§. 100e oder 100f ergangen sind, so kann demselben stattgegeben werden, ohne daß die Voraussetzungen des §. 100 Absatz 1 Ziffer 1 und 2 zutreffen.

3. Die Innungs-Krankenkassen haben ihre Statuten gemäß den Vorschriften des §. 90 dieses Gesetzes zu ändern. Falls dies binnen einer von der Aufsichtsbehörde zu bestimmenden Frist nicht geschieht, so können sie, soweit nicht die Bestimmungen des §. 100l Anwendung finden, geschlossen werden.

4. Tritt an Stelle einer beim Inkrafttreten dieses Gesetzes einem Innungsausschuß oder Innungsverband angehörigen Innung eine Zwangsinnung, so wird sie bis zur anderweiten Beschlußfassung der Innungsversammlung mit allen Rechten und Verbindlichkeiten Mitglied des Innungsausschusses oder Innungsverbandes.

Artikel 7.

Gewerbetreibende, welche bei Erlaß des Gesetzes Lehrlinge halten, sind berechtigt, diese Lehrlinge auszulehren.

Auf Personen, welche beim Inkrafttreten dieser Bestimmungen das siebzehnte Lebensjahr vollendet haben, findet §. 129 Absatz 1 des Artikels 2 mit der Maßgabe Anwendung, daß denselben die Befugniß zur Anleitung von Lehrlingen auch dann zusteht, wenn sie nur eine zweijährige Lehrzeit zurückgelegt haben.

Die untere Verwaltungsbehörde ist befugt, Personen, welche den Voraussetzungen des Absatzes 2 nicht entsprechen, die Befugniß zur Anleitung von Lehrlingen zu verleihen.

Die Landes-Zentralbehörde kann für einzelne Gewerbe oder Zweige eines Gewerbes bestimmen, daß den im Absatze 2 bezeichneten Personen die Befugniß zur Anleitung von Lehrlingen auch dann zusteht, wenn sie eine kürzere als zweijährige Lehrzeit zurückgelegt haben.

Artikel 8.

Wer beim Inkrafttreten dieser Bestimmungen persönlich ein Handwerk selbständig ausübt, ist befugt, den Meistertitel (Artikel 2 §. 133) zu führen, wenn er in diesem Gewerbe die Befugniß zur Anleitung von Lehrlingen besitzt.

Artikel 9.

Dieses Gesetz tritt, soweit es sich um die zu seiner Durchführung erforderlichen Maßnahmen handelt, sofort in Kraft.

Der Zeitpunkt, mit welchem das Gesetz im Uebrigen ganz oder theilweise in Kraft tritt, wird durch Kaiserliche Verordnung mit Zustimmung des Bundesraths bestimmt.

Urkundlich unter Unserer Höchsteigenhändigen Unterschrift und beigedrucktem Kaiserlichen Insiegel.

Gegeben Molde an Bord M. Y. „Hohenzollern", den 26. Juli 1897.

(L. S.) **Wilhelm.**

Graf von Posadowsky.

Anhang.

Titel VI
der Gewerbeordnung in der bisherigen Fassung.

Innungen von Gewerbetreibenden.

I. Bestehende Innungen.

Seite

§. 81. Bestehende Korporationen 103
§. 82. Ausscheiden . . 103
§. 83. Versagung des Eintritts 103
§. 84. Mitgliedschaft . 103
§. 85. Antrittsgelder . 104
§. 86. Versagung des Stimmrechts . . . 104
§. 87. Nachfolge nach dem Tode eines Mitgliedes 104
§. 88. Vertretung und Legitimation . . . 105
§. 89 Verträge über Erwerb, Veräußerung u Verpfändung unbeweglicher Sachen . 105
§. 90. Verwendung der Einnahmen 105
§. 91. Beitreibung von Beiträgen und Geldstrafen 106
§. 92. Statutenabänderung 106
§. 93. Auflösung . . 106
§. 94. Vermögenstheilung bei Auflösung . 106
§. 95. Aufsichtsbehörde 107
§. 96. Außerkraftsetzung älterer Bestimmungen 108

II. Neue Innungen.

§. 97. 97a. Bildung und Aufgabe 108
§. 98. Bezirk und Name 109
§. 98a Statut . . . 110
§. 98b Genehmigung des Statuts . . . 111

	Seite
§. 98c. Nebenstatuten	112
§. 99. Korporationsrechte	112
§. 100. Mitgliedschaft	113
§. 100a. Theilnahme der Gesellen	114
§. 100b. Verwendung der Einnahmen	115
§. 100c. Rechnungsführung	115
§. 100d. Schiedsgerichte	116
§. 100e. Regelung des Lehrlingswesens	117
§. 100f. Beitragspflicht außerhalb der Innungen Stehender	118
§. 100g. Erlaß der Bestimmungen durch die höhere Verwaltungsbehörde	119
§. 100h. Bekanntmachung der Verfügung	119
§. 100i. Einrichtungen	119
§. 100k. Feststellung der Beiträge	120
§. 100l. Rechnungsführung der Jahresrechnung	120
§. 100m. Befreiung von der Beitragspflicht	120
§. 101. Innungsvorstand	121
§. 102. Innungsausschuß	122
§. 103. Schließung	122
§. 103a. Auflösung und Vermögensverwendung	123
§. 104. Aufsichtsbehörde	123
§. 104a. Innungsverbände	124
§. 104b. Statut des Verbandes	125
§. 104c. Genehmigung des Statuts	125
§. 104d. Verbandsvorstand	126
§. 104e. Versammlung	126
§. 104f. Abgabe von Gutachten	127
§. 104g. Auflösung des Verbandes	127
§. 104h. Korporationsrechte	128
§. 104i. Vertretung und Legitimation der Vertreter	128
§. 104k. Unterstützungskasse	128
§. 104l. Aufsichtsbehörde	129
§. 104m. Konkurseröffnung	129
§. 104n. Geschäftsführung nach Auflösung	130
§. 104o. Vermögenstheilung	130

Titel VI.

Innungen von Gewerbetreibenden.

I. Bestehende Innungen.

§. 81. Alle zur Zeit gesetzlich bestehenden Korporationen von Gewerbetreibenden (Innungen, Zünfte) dauern fort. Ihre Statuten (Innungsartikel, Zunftartikel) bleiben in Kraft, soweit sie nicht durch die Vorschriften dieses Gesetzes oder nach Maßgabe der Bestimmung im §. 92 abgeändert werden.

§. 82. Jedes Mitglied einer Innung kann jederzeit, vorbehaltlich der Erfüllung seiner Verpflichtungen, ausscheiden und darf das Gewerbe nach dem Austritte fortsetzen. Der Ausgeschiedene verliert alle Ansprüche an das Zunftvermögen und die durch dasselbe ganz oder theilweise fundirten Nebenkassen, soweit die Statuten nicht ein Anderes bestimmen.

§. 83. Von dem Eintritte in eine Innung können diejenigen ausgeschlossen werden:

1. welche sich nicht im Besitz der bürgerlichen Ehrenrechte befinden;
   oder
2. welche in Folge gerichtlicher Anordnung in der Verfügung über ihr Vermögen beschränkt sind.

§. 84. Vorbehaltlich der vorstehenden Bestimmung (§. 83) darf der Eintritt in eine Innung Keinem versagt werden, welcher die in dem Statut vorgeschriebenen Bedingungen erfüllt hat.

Bedarf es zu diesem Zweck der Ablegung einer Prüfung, so ist dieselbe auf den Nachweis der Befähigung zur selbständigen Ausführung der gewöhnlichen Arbeiten des Gewerbes zu richten. Die deshalb zu lösenden Aufgaben, sowie der zur Bestreitung der Prüfungskosten von dem zu Prüfenden zu zahlende Betrag, werden von der Innung bestimmt. Bevorzugungen sind dabei nicht statthaft.

Die Prüfungszeugnisse der für einzelne Gewerbe angeordneten besonderen Prüfungsbehörden und der bisher zur Abnahme von Prüfungen befugt gewesenen Kommissionen sind ein genügender Nachweis der Befähigung zum Betriebe der Gewerbe, über welche sie ausgestellt sind.

Die Ablegung einer Prüfung kann von denjenigen nicht gefordert werden, welche das betreffende Gewerbe mindestens seit einem Jahre selbständig ausüben.

§. 85. Die bei der Aufnahme in eine Innung zu entrichtenden Antrittsgelder müssen für alle Genossen der Innungen gleich sein. Wo sie mehr als fünfzehn Mark betragen, bedarf es zu ihrer Erhöhung der Genehmigung der höheren Verwaltungsbehörde. Diese Genehmigung ist auch dann erforderlich, wenn Antrittsgelder, welche den Betrag von fünfzehn Mark nicht übersteigen, über diesen Betrag erhöht werden sollen.

Der Beitritt zu einer Innung schließt die Befugniß nicht aus, an anderen Innungen Theil zu nehmen.

§. 86. Durch Beschluß der Innung kann von Ausübung des Stimmrechts, sowie der Ehrenrechte innerhalb der Innung derjenige ausgeschlossen werden, welcher in einem der im §. 83 unter 1, 2 bezeichneten Verhältnisse sich befindet.

§. 87. Wird nach dem Tode eines Innungsgenossen dessen Gewerbe durch einen Stellvertreter für Rechnung der Wittwe oder minderjährigen Erben fortgesetzt, so gehen die Befugnisse und Obliegenheiten des Verstorbenen, mit Ausnahme des Stimmrechts in der Innungsversammlung, auf die Wittwe für die Dauer des Wittwenstandes, beziehungsweise auf die minderjährigen Erben für die Dauer der Minderjährigkeit, über.

§. 88. Die Innung wird bei gerichtlichen wie bei außergerichtlichen Verhandlungen durch ihren Vorstand vertreten.

Die Legitimation desselben wird durch eine amtliche Bescheinigung der Gemeindebehörde über seine Eigenschaft als solcher geführt.

Die Befugniß zur Vertretung erstreckt sich auch auf diejenigen Geschäfte und Rechtshandlungen, für welche nach den Gesetzen eine Spezialvollmacht erforderlich ist.

Soweit in dem Statut (Innungsartikeln, Zunftartikeln) einem Mitgliede oder mehreren Mitgliedern des Vorstandes die Vertretung der Innung nach außen übertragen ist, behält es hierbei sein Bewenden.

§. 89. Verträge der Innung über die Erwerbung, Veräußerung oder Verpfändung unbeweglicher Sachen und über Darlehen, für welche das unbewegliche Vermögen der Innung oder die Nutzungen desselben auf länger als ein Jahr haften sollen, bedürfen zu ihrer Rechtsgültigkeit der Genehmigung der Gemeindebehörde. Dieselbe darf jedoch nicht versagt werden, wenn nachgewiesen wird, daß die Erfüllung aller bestehenden Verpflichtungen der Innung, sowie der für den Fall der Auflösung durch §. 94 getroffenen Vorschriften gesichert bleibt.

§. 90. Zahlungen aus den Einnahmen oder dem Vermögen der Innung an Genossen derselben dürfen nur insoweit geleistet werden, als sie auf ausdrücklichen Vorschriften des Statuts beruhen. Für Zehrung dürfen solche Zahlungen niemals geleistet werden.

§. 91. Die exekutivische Beitreibung der Innungsbeiträge und der von Innungsgenossen wegen Verletzung statutarischer Vorschriften verwirkten Geldstrafen im Verwaltungswege findet ferner nicht statt.

§. 92. Abänderungen des Statuts können in einer Versammlung der Innung, zu welcher sämmtliche stimmberechtigte Genossen unter ausdrücklicher Bezeichnung des Gegenstandes der Berathung schriftlich eingeladen sind, durch absolute Mehrheit der Anwesenden beschlossen werden. Der Beschluß bedarf der Genehmigung der höheren Verwaltungsbehörde, wenn er Zahlungen aus den Einnahmen oder dem Vermögen der Innung an Genossen derselben oder andere Verfügungen über das Innungsvermögen zum Gegenstande hat. Diese Genehmigung darf jedoch nicht versagt werden, wenn nachgewiesen wird, daß die Erfüllung aller bestehenden Verpflichtungen der Innung, sowie der für den Fall der Auflösung durch §. 94 getroffenen Vorschriften gesichert bleibt.

§. 93. Ihre Auflösung kann die Innung in einer Versammlung, zu welcher sämmtliche stimmberechtigte Genossen unter ausdrücklicher Bezeichnung des Gegenstandes der Berathung schriftlich eingeladen sind, durch absolute Mehrheit der Anwesenden beschließen. Der Beschluß bedarf der Genehmigung der höheren Verwaltungsbehörde. Diese Genehmigung wird ertheilt, wenn die Berichtigung der Schulden und die Erfüllung der Vorschriften des §. 94 sichergestellt ist.

§. 94. Löst eine Innung sich auf, so muß ihr Vermögen zuvörderst zur Berichtigung ihrer Schulden und zur Erfüllung ihrer sonstigen Verpflichtungen verwendet werden. War dasselbe bisher ganz oder theilweise zur Fundirung von Unterrichtsanstalten oder zu anderen öffentlichen Zwecken bestimmt, so darf dasselbe dieser Bestimmung nicht entzogen werden. Wird dafür nicht in anderer genügender Weise Sorge getragen, so fällt das betreffende Vermögen der Gemeinde gegen Uebernahme der darauf lastenden Verpflichtungen zu.

Eine Vertheilung des hiernach verbleibenden Reinvermögens unter die zeitigen Mitglieder kann die Innung bei ihrer Auflösung nur soweit beschließen, als dasselbe aus Beiträgen dieser Mitglieder entstanden ist.

Der Rest des Vermögens wird, sofern in dem Statut oder in den Landesgesetzen nicht ein Anderes ausdrücklich bestimmt ist, der Gemeinde, in welcher die aufgelöste Innung ihren Sitz hatte, zur Benutzung für gewerbliche Zwecke überwiesen.

Entstehen aus den vorstehenden Bestimmungen Differenzen zwischen der Ortsgemeinde und der Innung, so steht die Entscheidung darüber der höheren Verwaltungsbehörde zu.

Letzterer steht auch die Befugniß zu, den bisher mit der Innung verbunden gewesenen Unterrichtsanstalten, Hülfskassen oder anderen Instituten zu öffentlichen Zwecken nach der Auflösung der Innung Korporationsrechte zu ertheilen.

Die vorstehenden Vorschriften kommen auch im Falle des Erlöschens einer Innung durch Aussterben ihrer Mitglieder zur Anwendung.

§. 95. Die Gemeindebehörde übt die Aufsicht über die Innungen aus. Sie entscheidet Streitigkeiten über die Aufnahme und Ausschließung von Genossen, über die Wahl der Vorstände und über die Rechte und Pflichten der letzteren. Gegen ihre Entscheidung steht der Rekurs an die höhere Verwaltungsbehörde offen, welcher binnen einer präklusivischen Frist von vier Wochen bei der Gemeindebehörde anzubringen ist.

Innungsversammlungen, in welchen über Abänderungen des Statuts oder über die Auflösung der Innung Beschluß gefaßt werden soll, wohnt die Gemeindebehörde durch eines ihrer Mitglieder oder einen Beauftragten bei. An anderen Berathungen der Innung nimmt sie nicht Theil. Die Bestätigung der Wahl der Vorstände steht ihr fortan nicht zu.

§. 96. Alle Bestimmungen der Gesetze oder der Statuten (Innungsartikel, Zunftartikel), durch welche der Gemeindebehörde in Angelegenheiten der Innungen größere Befugnisse beigelegt sind, als durch gegenwärtiges Gesetz, treten außer Kraft.

II. Neue Innungen.

§. 97. Diejenigen, welche ein Gewerbe selbständig betreiben, können zur Förderung der gemeinsamen gewerblichen Interessen zu einer Innung zusammentreten.

Aufgabe der neuen Innungen ist:

1. die Pflege des Gemeingeistes sowie die Aufrechterhaltung und Stärkung der Standesehre unter den Innungsmitgliedern;
2. die Förderung eines gedeihlichen Verhältnisses zwischen Meistern und Gesellen, sowie die Fürsorge für das Herbergswesen der Gesellen und für die Nachweisung von Gesellenarbeit;
3. die nähere Regelung des Lehrlingswesens und der Fürsorge für die technische, gewerbliche und sittliche Ausbildung der Lehrlinge;
4. Streitigkeiten der im [§. 120a] §. 3 Absatz 1 des Gesetzes, betreffend die Gewerbegerichte, vom 29. Juli 1890 (Reichs-Gesetzbl. S. 141) bezeichneten Art zwischen den Innungsmitgliedern und ihren Lehrlingen [an Stelle der Gemeindebehörde (Absatz 2 daselbst)] zu entscheiden.

§. 97a. Die Innungen sind befugt, ihre Wirksamkeit auf andere, den Innungsmitgliedern gemeinsame gewerbliche Interessen als die im §. 97 bezeichneten auszudehnen. Insbesondere steht ihnen zu:

1. Fachschulen für Lehrlinge zu errichten und dieselben zu leiten;
2. zur Förderung der gewerblichen und technischen Ausbildung der Meister und Gesellen geeignete Einrichtungen zu treffen;
3. Gesellen- und Meisterprüfungen zu veranstalten und über die Prüfungen Zeugnisse auszustellen;
4. zur Förderung des Gewerbebetriebes der Innungsmitglieder einen gemeinschaftlichen Geschäftsbetrieb einzurichten;
5. zur Unterstützung der Innungsmitglieder, ihrer Angehörigen, ihrer Gesellen und Lehrlinge in Fällen der Krankheit, des Todes, der Arbeitsunfähigkeit oder sonstiger Bedürftigkeit, Kassen einzurichten;
6. Schiedsgerichte zu errichten, welche berufen sind, Streitigkeiten der im [§. 120a] §. 3 Absatz 1 des Gesetzes, betreffend die Gewerbegerichte vom 29. Juli 1890 (Reichs-Gesetzbl. S. 141) bezeichneten Art zwischen den Innungsmitgliedern und deren Gesellen an Stelle der sonst zuständigen Behörden zu entscheiden.

§. 98. Der Bezirk, für welchen eine Innung errichtet wird, soll in der Regel nicht über den Bezirk der höheren Verwaltungsbehörde, in welchem die Innung ihren Sitz nimmt, hinausgehen. Ausnahmen bedürfen der Genehmigung der Zentralbehörde.

Bei der Errichtung ist der Innung ein Name zu geben, welcher von dem aller anderen, an demselben Orte oder in derselben Gemeinde befindlichen Innungen verschieden ist.

§. 98a. Die Aufgaben der Innung, die Einrichtung ihrer Verwaltung und der Rechtsverhältnisse ihrer Mitglieder werden, soweit das Gesetz nicht darüber bestimmt, durch das Innungsstatut geregelt.

Dasselbe muß Bestimmung treffen:

1. über Namen, Sitz und Bezirk der Innung;
2. über die Aufgaben der Innung, sowie über die dauernden Einrichtungen zur Erfüllung dieser Aufgaben; namentlich sind die nachfolgenden Verhältnisse des Lehrlingswesens zu regeln:
   a) die von den Innungsmitgliedern bei der Annahme von Lehrlingen zu erfüllenden Voraussetzungen und Formen, sowie die Dauer der Lehrzeit,
   b) die Ueberwachung der Beobachtung der in §§. 41a, 105a bis 105g, 120 bis 120e, 126, 127 vorgesehenen Bestimmungen durch die Innung,
   c) die Verpflichtung der Meister, ihre Lehrlinge zum Besuche der Fortbildungsschule oder der Fachschule anzuhalten,
   d) die Beendigung der Lehrzeit, die Ausschreibung der Lehrlinge vor der Innung und die Ertheilung des Lehrbriefes,
   e) die Bildung der Behörde und das Verfahren zur Entscheidnng der im §. 97 unter Nr. 4 bezeichneten Streitigkeiten;
3. über Aufnahme, Austritt und Ausschließung der Mitglieder;
4. über die Rechte und Pflichten der Mitglieder, insbesondere über die Beiträge, welche von denselben zu entrichten sind, und über den Maßstab, nach welchem deren Umlegung erfolgt;
5. über die etwa wegen Verletzung statutarischer Vorschriften gegen die Innungsmitglieder zu verhängenden Ordnungsstrafen;

6. über die Bildung des Vorstandes, über den Umfang seiner Befugnisse und die Formen seiner Geschäftsführung;
7. über die Zusammensetzung und Berufung der Innungsversammlung, über das Stimmrecht in derselben und über die Art der Beschlußfassung;
8. über die Beurkundung der Beschlüsse der Innungsversammlung und des Vorstandes;
9. über die Voraussetzungen und die Form einer Abänderung des Statuts;
10. über die Voraussetzungen und die Form der Auflösung der Innung;
11. über die Verwendung des Innungsvermögens im Falle der Auflösung oder Schließung der Innung;
12. über die Aufstellung und Prüfung der Jahresrechnung

Das Statut darf keine Bestimmung enthalten, welche mit den in diesem Gesetze bezeichneten Aufgaben der Innung nicht in Verbindung steht oder gesetzlichen Vorschriften zuwiderläuft.

Bestimmungen über Einrichtungen zur Erfüllung der im §. 97a unter Nr. 4, 5, 6 bezeichneten Aufgaben dürfen nicht in das Innungsstatut aufgenommen werden.

§. 98b. Das Innungsstatut bedarf der Genehmigung durch die höhere Verwaltungsbehörde desjenigen Bezirks, in welchem die Innung ihren Sitz nimmt. Die Einrichtung geschieht durch die Aufsichtsbehörde (§. 104).

Die Genehmigung ist zu versagen:

1. wenn das Innungsstatut den gesetzlichen Anforderungen nicht entspricht;
2. wenn durch die in dem Innungsstatut vorgesehenen Einrichtungen die Mittel zur Erfüllung der den Innungen nach §. 97 obliegenden Aufgaben nicht sichergestellt erscheinen;

3. wenn die Zentralbehörde der durch das Innungsstatut vorgesehenen Begrenzung des Innungsbezirks die nach §. 98 Absatz 1 erforderliche Zustimmung versagt hat.

Außerdem darf die Genehmigung nur versagt werden, wenn in dem durch das Innungsstatut vorgesehenen Innungsbezirke für die gleichen Gewerbe eine Innung bereits besteht.

In dem die Genehmigung versagenden Bescheide sind die Gründe anzugeben; gegen denselben findet der Rekurs statt; wegen des Verfahrens und der Behörden gelten die Vorschriften der §§. 20 und 21, soweit nicht landesgesetzlich das Verfahren in streitigen Verwaltungssachen Platz greift.

Abänderungen des Innungsstatuts unterliegen den gleichen Vorschriften.

§. 98c. Soll in der Innung eine Einrichtung der im §. 97a unter Nr. 4, 5, 6 vorgesehenen Art getroffen werden, so sind die dafür erforderlichen Bestimmungen in Nebenstatuten zusammenzufassen. Dieselben bedürfen der Genehmigung durch die im §. 98b bezeichnete höhere Verwaltungsbehörde. Vor der Genehmigung ist die Gemeindebehörde des Ortes, an welchem die Innung ihren Sitz hat, sowie, falls diese Behörde für die Innung nicht die Aufsichtsbehörde bildet, auch letztere zu hören. Die Genehmigung kann nach Ermessen versagt werden. In dem die Genehmigung versagenden Bescheide sind die Gründe anzugeben. Gegen die Versagung kann binnen vier Wochen Beschwerde an die Zentralbehörde eingelegt werden. Abänderungen der Nebenstatuten unterliegen den gleichen Vorschriften.

§. 99. Die Innung kann unter ihrem Namen Rechte, insbesondere Eigenthum und andere dingliche Rechte an Grundstücken erwerben, Verbindlichkeiten eingehen, vor Gericht klagen und verklagt werden. Für alle Verbindlichkeiten der Innung haftet den Gläubigern nur das Vermögen der Innung.

§. 100. Als Innungsmitglieder können nur Personen aufgenommen werden, die ein Gewerbe, für welches die Innung errichtet ist, in dem Innungsbezirke selbständig betreiben oder in einem dem Gewerbe angehörenden Großbetriebe als Werkmeister oder in ähnlicher Stellung beschäftigt sind. Andere Personen können als Ehrenmitglieder aufgenommen werden.

Von der Ablegung einer Prüfung kann die Aufnahme nur abhängig gemacht werden, wenn Art und Umfang derselben durch das Statut geregelt sind; die Prüfung darf nur den Nachweis der Befähigung zur selbständigen Ausführung der gewöhnlichen Arbeiten des Gewerbes bezwecken.

Ist die Aufnahme von der Zurücklegung einer Lehrlings- oder Gesellenzeit oder von der Ablegung einer Prüfung abhängig gemacht, so ist eine Ausnahme von der Erfüllung dieser Anforderungen nur unter bestimmten im Statut festgestellten Voraussetzungen zulässig. Von einem Aufnahmesuchenden, welcher bereits vor einer anderen, den Voraussetzungen dieses Gesetzes entsprechenden Innung desselben Gewerbes eine Aufnahmeprüfung bestanden hat, kann eine solche nicht nochmals verlangt werden.

Gewerbetreibenden, welche den gesetzlichen und statutarischen Anforderungen entsprechen, darf die Aufnahme in die Innung nicht versagt werden.

Von der Erfüllung der gesetzlichen und statutarischen Bedingungen kann zu Gunsten Einzelner nicht abgesehen werden.

Vom Eintritte in eine Innung sind diejenigen ausgeschlossen, welche sich nicht im Besitze der bürgerlichen Ehrenrechte befinden, oder welche in Folge gerichtlicher

Anordnung in der Verfügung über ihr Vermögen beschränkt sind.

Der Austritt aus der Innung ist, wenn das Innungsstatut eine vorherige Anzeige darüber nicht verlangt, jederzeit gestattet. Eine Anzeige über den Austritt kann frühestens sechs Monate vor dem letzteren verlangt werden.

Ausscheidende Mitglieder verlieren alle Ansprüche an das Innungsvermögen und, soweit nicht statutarisch abweichende Bestimmungen getroffen sind, an die von der Innung errichteten Nebenkassen; sie bleiben zur Zahlung derjenigen Beiträge verpflichtet, deren Umlegung am Tage ihres Austrittes bereits erfolgt war. Besondere Verbindlichkeiten, welche sie der Innung gegenüber eingegangen sind, werden durch den Austritt nicht berührt.

Die Rechte der Innungsmitglieder, mit Ausnahme des Stimmrechts und der Ehrenrechte, können von deren Wittwen, welche den Gewerbebetrieb fortsetzen, so lange ausgeübt werden, als sie die entsprechenden Verpflichtungen erfüllen. Die näheren Bestimmungen sind durch das Statut zu treffen.

§. 100a. Die von den Innungsmitgliedern beschäftigten Gesellen nehmen an den Innungsversammlungen und an der Verwaltung der Innung nur insoweit Theil, als dieses in dem Innungsstatut vorgesehen ist. Eine solche Theilnahme muß ihnen eingeräumt werden an der Abnahme der Gesellenprüfungen, sowie an der Begründung und Verwaltung aller Einrichtungen, für welche sie Beiträge entrichten oder eine besondere Mühewaltung übernehmen, oder welche zu ihrer Unterstützung bestimmt sind.

Von der Ausübung eines Stimmrechts oder eines Ehrenrechts in der Innung sind alle diejenigen ausgeschlossen, welche sich nicht im Besitz der bürgerlichen

Ehrenrechte befinden, oder welche in Folge gerichtlicher Anordnungen in der Verfügung über ihr Vermögen beschränkt sind.

§. 100b. Den Innungsmitgliedern darf die Verpflichtung zu Handlungen oder Unterlassungen, welche mit den Aufgaben der Innung in keiner Verbindung stehen, nicht auferlegt werden.

Zu anderen Zwecken als der Erfüllung der statutarisch oder durch das Gesetz bestimmten Aufgaben der Innung, sowie der Deckung der Kosten der Innungsverwaltung dürfen weder Beiträge von den Innungsmitgliedern oder von den Gesellen derselben erhoben werden, noch Verwendungen aus dem Vermögen der Innung erfolgen.

Die auf Grund des Innungsstatuts oder der Nebenstatuten (§. 98c) umgelegten Beiträge und verhängten Ordnungsstrafen werden nach Antrag des Innungsvorstandes auf dem für die Beitreibung der Gemeindeabgaben landesrechtlich vorgesehenen Wege zwangsweise eingezogen. Ueber die Verpflichtung zur Zahlung der Beiträge findet, unbeschadet der vorläufigen Einziehung, der Rechtsweg statt. Ueber Beschwerden wegen der Ordnungsstrafen entscheidet die Aufsichtsbehörde endgültig.

§. 100c. Ueber die Einnahmen und Ausgaben der nach Maßgabe des §. 97a unter Nr. 5 begründeten Unterstützungskassen muß getrennte Rechnung geführt werden. Das ausschließlich für diese Kassen bestimmte Vermögen ist getrennt von dem übrigen Innungsvermögen zu verwalten. Verwendungen für andere Zwecke dürfen aus demselben nicht gemacht werden. Die Gläubiger der Kasse haben das Recht auf abgesonderte Befriedigung aus dem getrennt verwalteten Vermögen.

Auf solche Krankenkassen der Innungen, welche ein den Vorschriften des Gesetzes über die eingeschriebenen Hülfskassen vom 7. April 1876 entsprechende Unterstützung gewähren sollen, finden folgende Bestimmungen Anwendung:

1. den Meistern, welche für ihre Gesellen und Lehrlinge die Kassenbeiträge vorschießen, steht das Recht zu, die letzteren bei der dem Fälligkeitstage zunächst vorausgehenden oder bei einer diesem Tage folgenden Lohnzahlung in Anrechnung zu bringen;
2. der Anspruch auf Unterstützung aus der Kasse kann mit rechtlicher Wirkung weder übertragen noch verpfändet werden; er kann nicht Gegenstand der Beschlagnahme sein;
3. die Gesellen können, so lange sie den Kassen angehören, zu den nach Maßgabe des §. 141a begründeten Verpflichtungen nicht herangezogen werden;
4. Gesellen, welche bereits einer eingeschriebenen Hülfskasse angehören, können, so lange sie an derselben betheiligt sind, zum Eintritte in die entsprechende Unterstützungskasse der Innung nicht gezwungen werden.

§. 100d. Für die auf Grund des §. 97a zu errichtenden Schiedsgerichte sind folgende Bestimmungen maßgebend:

1. Die Schiedsgerichte müssen mindestens aus einem Vorsitzenden und zwei Beisitzern bestehen. Die Beisitzer müssen zur Hälfte aus den Innungsmitgliedern, zur Hälfte aus deren Gesellen entnommen sein. Die ersteren sind von der Innungsversammlung oder einer anderen Vertretung der Innungsmitglieder, die letzteren von den Gesellen der Innung oder einer Vertretung derselben zu wählen. Der Vorsitzende wird von der Aufsichtsbehörde bestimmt; er braucht der Innung nicht anzugehören.

2. Die Annahme der Wahl zum Beisitzer kann nur aus Gründen abgelehnt werden, aus welchen die Uebernahme einer Vormundschaft abgelehnt werden kann. Wer die Annahme ablehnt, ohne zu der Ablehnung berechtigt zu sein, kann von der Aufsichtsbehörde durch Ordnungsstrafen zur Annahme angehalten werden.
3. Gegen die Entscheidungen der Schiedsgerichte steht [nach Maßgabe des §. 120a Absatz 2] binnen zehn Tagen die Berufung auf den Rechtsweg durch Erhebung der Klage bei dem ordentlichen Gericht offen.

Die auf Grund der Bestimmungen in §§. 97 Nr. 4 und 97a Nr. 6 ergehenden Entscheidungen in Streitigkeiten der Innungsmitglieder mit ihren Gesellen und Lehrlingen sind vorläufig vollstreckbar. Die Vollstreckung erfolgt durch die Polizeibehörden nach Maßgabe der Vorschriften über die gerichtliche Zwangsvollstreckung. Lehrlinge sind auf Antrag der zur Entscheidung berufenen Innungsbehörde von der Polizeibehörde anzuhalten, vor der ersteren persönlich zu erscheinen.

§. 100e. Für den Bezirk einer Innung, deren Thätigkeit auf dem Gebiete des Lehrlingswesens sich bewährt hat, kann durch die höhere Verwaltungsbehörde nach Anhörung der Aufsichtsbehörde bestimmt werden:

1. daß Streitigkeiten aus den Lehrverhältnissen der im [§. 120a] §. 3 Absatz 1 des Gesetzes, betreffend die Gewerbegerichte, v. 29. Juli 1890, (Reichs-Gesetzbl. S. 141) bezeichneten Art auf Anrufen eines der streitenden Theile von der zuständigen Innungsbehörde auch dann zu entscheiden sind, wenn der Arbeitgeber, obwohl er ein in der Innung vertretenes Gewerbe betreibt und selbst zur Aufnahme in die Innung fähig sein würde, gleichwohl der Innung nicht angehört;

2. daß und inwieweit die von der Innung erlassenen Vorschriften über die Regelung des Lehrlingsverhältnisses, sowie über die Ausbildung und Prüfung der Lehrlinge auch dann bindend sind, wenn deren Lehrherr zu den unter Nr. 1 bezeichneten Arbeitgebern gehört.

   Haben sich hiernach Lehrlinge solcher Gewerbetreibenden, welche der Innung nicht angehören, einer Prüfung zu unterziehen, so ist dieselbe von einer Kommission vorzunehmen, deren Mitglieder zur Hälfte von der Innung, zur Hälfte von der Aufsichtsbehörde berufen werden;
3. daß Arbeitgeber der unter Nr. 1 bezeichneten Art von einem bestimmten Zeitpunkte an Lehrlinge nicht mehr annehmen dürfen.

Die Bestimmungen sind widerruflich.

§. 100 f. Für den Bezirk einer Innung kann auf Antrag derselben durch die höhere Verwaltungsbehörde bestimmt werden, daß Arbeitgeber, welche, obwohl sie ein in der Innung vertretenes Gewerbe betreiben, derselben nicht angehören, und deren Gesellen zu den Kosten:
1. der von der Innung für das Herbergswesen und den Nachweis für Gesellenarbeit getroffenen, beziehungsweise unternommenen Einrichtungen (§. 97 Ziffer 2),
2. derjenigen Einrichtungen, welche von der Innung zur Förderung der gewerblichen und technischen Ausbildung der Meister, Gesellen und Lehrlinge getroffen sind, beziehungsweise unternommen werden (§§. 97 Ziffer 3, 97a Ziffer 1 und 2),
3. des von der Innung errichteten, beziehungsweise zu errichtenden Schiedsgerichts (§. 97a Ziffer 6)

in derselben Weise und nach demselben Maßstabe beizutragen verpflichtet sind, wie die Innungsmitglieder und deren Gesellen.

Die Bestimmungen sind widerruflich.

§. 100g. Die Bestimmung der höheren Verwaltungsbehörde (§. 100f) darf nur erlassen werden, wenn die Einrichtung, für welche dieselbe beantragt ist, zur Erfüllung ihres Zwecks geeignet erscheint.

Vor Erlaß der Bestimmung sind Vertreter der betheiligten außerhalb der Innung stehenden Arbeitgeber, die Aufsichtsbehörde der Innung und, wenn diese einem Innungsverbande angehört, auch dessen Vorstand zu hören.

§. 100h. Die Verfügung der höheren Verwaltungsbehörde, durch welche die im §. 100f bezeichnete Bestimmung getroffen wird, hat die Einrichtungen, für welche sie erlassen wird, sowie den Zeitpunkt des Eintritts ihrer Wirksamkeit zu bezeichnen. Die höhere Verwaltungsbehörde hat die Verfügung durch das zu ihren amtlichen Bekanntmachungen bestimmte Blatt zu veröffentlichen.

Die Rechtsgültigkeit der getroffenen Bestimmung kann im Rechtswege nicht angefochten werden.

§. 100i. Ist die Bestimmung für Einrichtungen der im §. 100f Ziffer 1 und 2 bezeichneten Art getroffen, so steht den durch dieselbe zu Beiträgen verpflichteten Arbeitgebern, sowie deren Gesellen und Lehrlingen von dem Tage ab, mit welchem die Beitragspflicht beginnt, das gleiche Recht zur Benutzung dieser Einrichtungen zu, wie den Mitgliedern der Innung und deren Gesellen und Lehrlingen.

Ist die Bestimmung für das von der Innung errichtete Schiedsgericht getroffen, so tritt das letztere für die im [§. 120a] §. 3 Absatz 1 des Gesetzes, betreffend die Gewerbegerichte, vom 29. Juli 1890 (Reichs-Gesetzbl. S. 141) bezeichneten Streitigkeiten an die Stelle der sonst zuständigen Behörde, wenn dasselbe von einem der streitenden Theile angerufen wird.

§. 100k. Die Beiträge, welche auf Grund der nach Maßgabe des §. 100f erlassenen Bestimmung zu entrichten sind, müssen von dem Innungsvorstande für jedes Rechnungsjahr festgestellt und spätestens einen Monat vor der ersten Hebung den Verpflichteten schriftlich unter Mittheilung des zu bestreitenden Kostenbetrages und des Maaßstabes der Vertheilung zur Kenntniß gebracht werden.

Ueber die Verpflichtung zur Zahlung der Beiträge findet, unbeschadet der vorläufigen Einziehung, der Rechtsweg statt.

Rückständige Beiträge werden auf dem im §. 100b Absatz 3 bezeichneten Wege eingezogen.

§. 100l. Ueber die Einnahmen und Ausgaben der Innung für solche Einrichtungen, für welche die im §. 100f bezeichnete Bestimmung getroffen ist, muß nach näherer Anweisung der höheren Verwaltungsbehörde getrennte Rechnung geführt werden.

Das ausschließlich für diese Einrichtungen bestimmte Vermögen ist getrennt von dem übrigen Innungsvermögen zu verwalten. Verwendungen für andere Zwecke dürfen aus demselben nicht gemacht werden.

Die über diese Einrichtungen gelegte Jahresrechnung ist vor ihrer Abnahme der Aufsichtsbehörde vorzulegen. Erinnerungen derselben sind von der Innung vorhaltlich der Beschwerde gemäß §. 104 Absatz 7 zu erledigen.

§. 100m. Von der Beitragspflicht (§. 100f) sind befreit:

1. Arbeitgeber, deren Betriebe zu den Fabriken zu zählen sind, und deren Arbeiter;
2. Arbeitgeber, welche Mitglieder einer anderen Innung sind, oder auf Grund des §. 100f zu den Kosten von gleichartigen Einrichtungen einer

anderen Innung beizutragen verpflichtet sind, und deren Gesellen;

3. Gewerbetreibende, welche in ihrem Betriebe regelmäßig weder Gesellen noch Lehrlinge beschäftigen.

Für Arbeitgeber oder Gesellen, welchen durch die Lage ihrer Arbeitsstätte oder durch sonstige Umstände die Benutzung aller oder einzelner im §. 100f aufgeführten Einrichtungen unverhältnißmäßig erschwert wird, ist die Befreiung von der Beitragsleistung zu den Kosten dieser Einrichtungen von Amtswegen oder auf Antrag durch die Aufsichtsbehörde auszusprechen. Beschwerden über die Gewährung oder Versagung der Befreiung entscheidet die höhere Verwaltungsbehörde unter Ausschluß des Rechtsweges endgültig.

§. 101. Der Innungsvorstand besteht aus einer oder mehreren Personen, welche von den Innungsmitgliedern zu wählen sind (§. 98a Nr. 6). Die Wahl findet unter Leitung des Vorstandes statt. Nur die erste Wahl nach der Errichtung der Innung, sowie spätere Wahlen, bei welchen ein Vorstand nicht vorhanden ist, werden von einem Vertreter der Aufsichtsbehörde geleitet. Ueber den Wahlakt ist ein Protokoll aufzunehmen. Der Vorstand hat über jede Aenderung in seiner Zusammensetzung und über das Ergebniß jeder Wahl der Aufsichtsbehörde binnen einer Woche Anzeige zu erstatten, bei Wahlen unter Beifügung des Wahlprotokolls. Ist die Anzeige nicht erfolgt, so kann die Aenderung dritten Personen nur dann entgegengesetzt werden, wenn bewiesen wird, daß sie letzteren bekannt war.

Die Innung wird bei gerichtlichen wie bei außergerichtlichen Verhandlungen durch ihren Vorstand vertreten. Die Befugniß zur Vertretung erstreckt sich auch auf diejenigen Geschäfte und Rechtshandlungen, für welche nach den Gesetzen eine Spezialvollmacht erforderlich ist. Durch das Statut kann einem Mitgliede oder mehreren Mitgliedern des Vorstandes die Vertretung der Innung nach außen übertragen werden.

Zur Legitimation des Innungsvorstandes bei allen Rechtsgeschäften genügt die Bescheinigung der Aufsichtsbehörde, daß die darin bezeichneten Personen zur Zeit den Vorstand bilden.

§. 102. Für alle oder mehrere derselben Aufsichtsbehörde unterstehende Innungen kann ein gemeinsamer Innungsausschuß gebildet werden. Diesem liegt die Vertretung der gemeinsamen Interessen der betheiligten Innungen ob. Außerdem können ihm Rechte und Pflichten der betheiligten Innungen, soweit dieselben nicht vermögensrechtlicher Natur sind, übertragen werden.

Die Errichtung des Innungsausschusses erfolgt durch ein Statut, welches von den Innungsversammlungen der betheiligten Innungen zu beschließen ist. Das Statut bedarf der Genehmigung der höheren Verwaltungsbehörde. In dem die Genehmigung versagenden Bescheide sind die Gründe anzugeben. Gegen die Versagung kann binnen vier Wochen Beschwerde an die Zentralbehörde eingelegt werden. Abänderungen des Statuts unterliegen den gleichen Vorschriften.

§. 103. Die Schließung einer Innung kann erfolgen:

1. wenn sich ergiebt, daß nach § 98 b die Genehmigung hätte versagt werden müssen, und die erforderliche Aenderung des Statuts innerhalb einer zu setzenden Frist nicht bewirkt wird;
2. wenn die Innung, wiederholter Aufforderung der Aufsichtsbehörde ungeachtet, die Erfüllung der ihr durch §. 97 gesetzten Aufgaben vernachlässigt;
3. wenn die Innung sich gesetzwidriger Handlungen oder Unterlassungen schuldig macht, durch welche das Gemeinwohl gefährdet wird, oder wenn sie andere als die gesetzlich zulässigen Zwecke verfolgt.

Die Schließung eines Innungsausschusses kann erfolgen, wenn der Ausschuß seinen statutarischen Verpflichtungen nicht nachkommt, oder wenn er Beschlüsse faßt, welche über seine statutarischen Rechte hinausgehen.

Die Schließung wird durch die höhere Verwaltungsbehörde ausgesprochen.

Gegen die die Schließung aussprechende Verfügung findet der Rekurs statt. Wegen des Verfahrens und der Behörden gelten die entsprechenden Bestimmungen des §. 98 b.

Die Eröffnung des Konkursverfahrens über das Vermögen einer Innung hat die Schließung kraft Gesetzes zur Folge.

§. 103 a. Bei der Auflösung einer Innung wird die Abwickelung der Geschäfte, sofern die Innungsversammlung nicht anderweitig beschließt, durch den Vorstand unter Aufsicht der Aufsichtsbehörde vollzogen. Genügt der Vorstand seiner Verpflichtung nicht, oder tritt die Schließung der Innung ein, so erfolgt die Abwickelung der Geschäfte durch die Aufsichtsbehörde oder Beauftragte derselben.

Von dem Zeitpunkte der Auflösung oder Schließung einer Innung ab bleiben die Innungsmitglieder noch für diejenigen Zahlungen verhaftet, zu welchen sie statutarisch für den Fall eigenen Ausscheidens aus den Innungsverhältnissen verpflichtet sind.

Auf die Verwendung des Innungsvermögens finden die Vorschriften des §. 94 mit der Maßgabe Anwendung, daß bei einer Vertheilung von Reinvermögen keinem Anspruchsberechtigten mehr als der Gesammtbetrag der von ihm geleisteten Beiträge ausgezahlt werden darf.

§. 104. Die Innungen unterliegen der Aufsicht der Gemeindebehörde.

Für Innungen, welche ihren Sitz nicht innerhalb eines Stadtbezirks haben, oder welche mehrere Gemeindebezirke umfassen, wird von der höheren Verwaltungsbehörde, für Innungen, welche sich in die Bezirke mehrerer höherer Verwaltungsbehörden erstrecken, von der Zentralbehörde die Aufsichtsbehörde bestimmt.

Die Aufsichtsbehörde überwacht die Befolgung der gesetzlichen und statutarischen Vorschriften und kann dieselben durch Androhung, Festsetzung und Vollstreckung von Ordnungsstrafen gegen die Inhaber der Innungsämter, gegen die Innungsmitglieder und gegen deren Gesellen, soweit diese an den Geschäften der Innung theilnehmen, erzwingen.

Sie entscheidet Streitigkeiten über die Aufnahme und Ausschließungen der Mitglieder, über die Wahlen zu den Innungsämtern, sowie unbeschadet der Rechte Dritter über die Rechte und Pflichten der Inhaber dieser Aemter.

Sie hat das Recht, einen Vertreter zu den Prüfungen zu entsenden. Sie beruft und leitet die Innungsversammlung, wenn der Innungsvorstand dieselbe zu berufen sich weigert.

Ueber Abänderungen des Innungsstatuts oder der Nebenstatuten (§. 98 c) und über die Auflösung der Innung kann von der Innungsversammlung nur im Beisein eines Vertreters der Aufsichtsbehörde beschlossen werden.

Gegen die Anordnungen und Entscheidungen der Aufsichtsbehörde ist die Beschwerde an die nächstvorgesetzte Behörde zulässig. Dieselbe ist binnen einer präklusivischen Frist von vier Wochen bei der Aufsichtsbehörde einzubringen.

Die vorstehenden Bestimmungen finden auf die Beaufsichtigung der Innungsausschüsse entsprechende Anwendung.

§. 104 a. Innungen, welche nicht derselben Aufsichtsbehörde unterstehen, können zur gemeinsamen Verfolgung ihrer Aufgaben, sowie zur Pflege der gemeinsamen gewerblichen Interessen der betheiligten Innungen zu Innungsverbänden zusammentreten.

Der Beitritt einer Innung kann nur mit Zustimmung der Innungsversammlung erfolgen.

§. 104b. Für den Innungsverband ist ein Statut zu errichten, welches Bestimmungen enthalten muß:

a) über Namen, Zweck und Bezirk des Verbandes,
b) über die Bedingungen der Aufnahme in den Verband und des Ausscheidens aus demselben,
c) über Bildung, Sitz und Befugnisse des Vorstandes,
d) über die Vertretung des Verbandes und ihre Befugnisse,
e) über die Beiträge zu den Ausgaben des Innungsverbandes,
f) über die Voraussetzungen und die Form einer Abänderung des Statuts,
g) über die Voraussetzungen und die Form einer Auflösung des Verbandes.

Das Statut darf keine Bestimmung enthalten, welche mit den gesetzlichen Zwecken des Verbandes nicht in Verbindung steht oder gesetzlichen Vorschriften zuwiderläuft.

§. 104c. Das Verbandsstatut bedarf der Genehmigung, und zwar:

a) für Innungsverbände, deren Bezirk nicht über den Bezirk einer höheren Verwaltungsbehörde hinausgreift, durch die letztere;
b) für Innungsverbände, deren Bezirk in die Bezirke mehrerer höherer Verwaltungsbehörden desselben Bundesstaates sich erstreckt, durch die Zentralbehörde;
c) für Innungsverbände, deren Bezirk sich auf mehrere Bundesstaaten erstreckt, durch den Reichskanzler.

Die Genehmigung ist zu versagen:

1. wenn die Zwecke des Verbandes sich nicht in den gesetzlichen Grenzen halten;
2. wenn das Verbandsstatut den gesetzlichen Anforderungen nicht entspricht.

Außerdem darf die Genehmigung nur versagt werden, wenn die Zahl der dem Verbande beigetretenen Innungen nicht hinreichend erscheint, um die Zwecke des Verbandes wirksam zu verfolgen.

Gegen die Versagung der Genehmigung ist, sofern sie durch eine höhere Verwaltungsbehörde erfolgt, die Beschwerde zulässig.

Aenderungen des Statuts unterliegen den gleichen Vorschriften.

§. 104d. Der Verbandsvorstand hat alljährlich im Monat Januar ein Verzeichniß derjenigen Innungen, welche dem Verbande angehören, der höheren Verwaltungsbehörde, in deren Bezirk er seinen Sitz hat, einzureichen.

Veränderungen in der Zusammensetzung des Vorstandes sind derselben anzuzeigen. Eine gleiche Anzeige hat zu erfolgen, wenn der Sitz des Vorstandes an einen anderen Ort verlegt wird. Liegt letzterer nicht in dem Bezirke der vorbezeichneten Behörde, so ist die Anzeige an diese und an die höhere Verwaltungsbehörde, in deren Bezirk der Sitz verlegt wird, gleichzeitig zu richten.

§. 104e. Versammlungen des Verbandsvorstandes und der Vertretung des Verbandes dürfen nur innerhalb des Verbandsbezirks abgehalten werden.

Sie sind der höheren Verwaltungsbehörde, in deren Bezirk der Vorstand seinen Sitz hat, sowie der höheren Verwaltungsbehörde, in deren Bezirk die Versammlung abgehalten werden soll, unter Einreichung der Tagesordnung mindestens eine Woche vorher anzuzeigen. Der letzteren steht das Recht zu:

a) die Versammlung zu untersagen, wenn die Tagesordnung Gegenstände umfaßt, welche zu den Zwecken des Verbandes nicht in Beziehung stehen;
b) in die Versammlung einen Vertreter zu entsenden, und durch diesen die Versammlung zu schließen, wenn die Verhandlungen auf Gegenstände sich erstrecken, welche zu den Zwecken des Verbandes nicht in Beziehung stehen, oder wenn Anträge oder Vorschläge erörtert werden, welche eine Aufforderung oder Anreizung zu strafbaren Handlungen enthalten.

§. 104 f. Die Verbandsvorstände sind befugt, in Betreff der Verhältnisse der in dem Verbande vertretenen Gewerbe an die für die Genehmigung des Verbandsstatuts zuständige Stelle Bericht zu erstatten und Anträge zu richten.

Sie sind verpflichtet, auf Erfordern dieser Stelle Gutachten über gewerbliche Fragen abzugeben.

§. 104 g. Die Innungsverbände können aufgelöst werden:

1. wenn sich ergiebt, daß nach §. 104 c Nr. 1 und 2 die Genehmigung hätte versagt werden müssen, und die erforderliche Aenderung des Statuts innerhalb einer zu setzenden Frist nicht bewirkt wird;
2. wenn den auf Grund des §. 104 e erlassenen Verfügungen nicht Folge geleistet ist;
3. wenn der Verbandsvorstand oder die Vertretung des Verbandes sich gesetzwidriger Handlungen schuldig machen, welche das Gemeinwohl gefährden, oder wenn sie andere als die gesetzlich zulässigen Zwecke verfolgen.

Die Auflösung erfolgt durch Beschluß der für die Genehmigung des Verbandsstatuts zuständigen Stelle.

Gegen den Beschluß der höheren Verwaltungsbehörde ist die Beschwerde zulässig.

§. 104h. Durch Beschluß des Bundesraths kann Innungsverbänden die Fähigkeit beigelegt werden, unter ihrem Namen Rechte, insbesondere Eigenthum und andere dingliche Rechte an Grundstücken zu erwerben, Verbindlichkeiten einzugehen, vor Gericht zu klagen und verklagt zu werden. In solchem Falle haftet den Gläubigern für alle Verbindlichkeiten des Innungsverbandes nur das Vermögen desselben.

Der Beschluß des Bundesraths ist durch den Reichsanzeiger zu veröffentlichen. Auf diejenigen Innungsverbände, welchen die gedachte Fähigkeit beigelegt worden ist, finden die Bestimmungen der §§. 104i bis 104o Anwendung.

§. 104i. Der Innungsverband wird bei gerichtlichen wie bei außergerichtlichen Verhandlungen durch seinen Vorstand vertreten. Die Befugniß zur Vertretung erstreckt sich auch auf diejenigen Geschäfte und Rechtshandlungen, für welche nach den Gesetzen eine Spezialvollmacht erforderlich ist. Durch das Statut kann einem Mitgliede oder mehreren Mitgliedern des Vorstandes die Vertretung des Innungsverbandes nach außen übertragen werden.

Zur Legitimation der Vertreter des Innungsverbandes genügt bei allen Rechtsgeschäften die Bescheinignng der höheren Verwaltungsbehörde, in deren Bezirk der Vorstand seinen Sitz hat, daß die bezeichneten Personen zur Vertretung des Verbandes befugt sind.

§. 104k. Der Innungsverband ist befugt, Einrichtungen zur Erfüllung der im §. 97 Nr. 2 bezeichneten Aufgaben, sowie Einrichtungen der im §. 97a Ziffer 1, 2, 4, 5 vorgesehenen Art gemeinsam für die ihm angehörenden Innungen zu treffen. Beschließt er die Herstellung von

Einrichtungen der im §. 97a Ziffer 4, 5 bezeichneten Art, so sind die dafür erforderlichen Bestimmungen in Nebenstatuten zusammenzufassen Diese sowie Abänderungen derselben bedürfen der Genehmigung durch den Reichskanzler.

Auf die von dem Innungsverbande errichteten Unterstützungskassen finden dieselben Vorschriften Anwendung, welche für gleichartige von einer Innung errichtete Kassen gelten. Sofern für solche Unterstützungskassen Zwangsvollstreckungen vorzunehmen sind, haben die in den einzelnen Bundesstaaten für die Beitreibung von Gemeindeabgaben zuständigen Behörden sich gegenseitig im unmittelbaren Geschäftsverkehr Rechtshülfe zu gewähren.

§. 104l. Der Innungsverband unterliegt, vorbehaltlich der Vorschrift des § 104e, der Aufsicht der höheren Verwaltungsbehörde, in deren Bezirk der Vorstand seinen Sitz hat.

Die Aufsichtsbehörde überwacht die Befolgung der gesetzlichen und statutarischen Vorschriften und kann dieselben durch Androhung, Festsetzung und Vollstreckung von Ordnungsstrafen gegen die Inhaber der Aemter des Verbandes erzwingen.

Sie entscheidet Streitigkeiten über die Aufnahme und Ausschließung von Verbandsmitgliedern, über die Wahlen zu den Verbandsämtern sowie, unbeschadet der Rechte Dritter, über die Rechte und Pflichten der Inhaber derselben.

Der Aufsichtsbehörde ist jährlich ein Rechnungsabschluß nebst Vermögensausweis vorzulegen.

§. 104m. Die Eröffnung des Konkursverfahrens über das Vermögen des Innungsverbandes hat die Auflösung des letzteren kraft Gesetzes zur Folge. Der Vorstand des Innungsverbandes hat jedoch die während des Konkursverfahrens dem Gemeinschuldner zustehenden Rechte wahrzunehmen.

§. 104n. Bei der statutmäßig beschlossenen Auflösung eines Innungsverbandes wird die Abwickelung der Geschäfte, sofern die Verbandsvertretung nicht anderweitig beschließt, durch den Vorstand unter Aufsicht der im §. 104l bezeichneten Behörde vollzogen. Genügt der Vorstand seiner Verpflichtung nicht, oder tritt die Auflösung auf Grund des §. 104g oder des §. 104m ein, so erfolgt die Abwickelung der Geschäfte durch einen Beauftragten der Aufsichtsbehörde.

Von dem Zeitpunkte der Auflösung ab bleiben die Verbandsmitglieder noch für diejenigen Zahlungen verhaftet, zu welchen sie statutarisch für den Fall eigenen Ausscheidens aus den Verbandsverhältnissen verpflichtet sind. Das Recht, diese Beiträge auszuschreiben und einzuziehen, steht dem mit Abwickelung der Geschäfte Beauftragten zu.

§. 104o. Im Falle der Auflösung des Innungsverbandes muß sein Vermögen zuvörderst zur Berichtigung seiner Schulden und zur Erfüllung seiner sonstigen Verpflichtungen verwendet werden. War dasselbe bisher ganz oder theilweise zur Fundirung von Unterrichtsanstalten oder zu anderen öffentlichen Zwecken bestimmt, so darf der nach Berichtigung der Schulden übrig bleibende Theil des Vermögens dieser Bestimmung nicht entzogen werden; über seine fernere Verwendung wird von der im §. 104c Absatz 1 bezeichneten Behörde Anordnung getroffen.

Bedarf es zum Fortbestande der von dem Innungsverbande errichteten Unterrichtsanstalten, Hülfskassen oder sonstigen zu öffentlichen Zwecken bestimmten Einrichtungen als selbständiger Anstalten der Genehmigung des Landesherrn oder einer Behörde des Staates, in welchem die fernere Verwaltung der Anstalt stattfinden soll, so hat die im vorstehenden Absatze bezeichnete Behörde diese Genehmigung herbeizuführen.

Das hiernach verbleibende Reinvermögen des Innungsverbandes wird, soweit die Verbandsvertretung nicht anders beschließt, unter die Innungen, welche dem Verbande zur Zeit der Auflösung angehört haben, nach dem Verhältniß der von ihnen an den Verband in dem der Auflösung vorangegangenen Jahre geleisteten Beiträge vertheilt. Streitigkeiten hierüber werden von der im §. 104l bezeichneten Stelle endgültig entschieden.

Sachregister.

(Die Ziffern verweisen auf die Paragraphen des Gesetzes vom 26. Juli 1897; bezüglich des Inhalts des ursprünglichen Titel VI. des bisherigen Gesetzes siehe Inhaltsverzeichniß über diesen Titel S. 132, 133.)

A.

Abänderung des Statuts 83, 84, 93; des der Zwangsinnung 100d; der Handwerkskammern 103m.

Ablehnung der Wahl 94a.

Anlegung verfügbarer Gelder 89a, 103n.

Anleihen, Aufnahme 89b, 93, 103g.

Anleitung von Lehrlingen, Voraussetzung 126, 129; Entziehung der Befugniß 129.

Ansprüche gegen Vorstandsmitglieder, Verfolgung derselben 93.

Anzeige des Innungsvorstandes an die Verwaltungsbehörde 104c.

Arbeitsbuch des Lehrlings 127e.

Arbeitsnachweis, Erhebung von Gebühren für Benutzung 88; Regelung von seiten des Innungsverbandes 104.

Auflösung 93, 98; der Handwerkskammern 103o; des Lehrvertrags 127b, 127e; bei Uebergang zu einem anderen Gewerbe 127c.

Aufnahme 83, 87, 96; in d. Innungsverband 104a.

Aufnahmeprüfung 87.

Aufsichtsbehörde 84, 85, 89; Ernennung des Vorsitzenden des Innungsschiedsgerichts durch 91; Befugniß bei nicht zu Stande gekommener Wahl 91; empfängt Anzeige über Zusammensetzung des Vorstandes 92a, über Namen und Wohnsitz der Beauftragten 94c; zuständig für Beschwerden über Rechtsgültigkeit der Wahlen 94, für Anträge auf Ablehnung der Wahl 94a, für Streitigkeiten über Eintrittsrecht und -pflicht 100h; Einreichung der Jahresrechnungen an 100o; Bestellung des Kommissars bei der Handwerkskammer 103h; Genehmigung des Haushaltsplan 103u.

Ausdehnung einer Zwangsinnung 100u.

Ausfertigungen von Genehmigungen und Bescheinigungen erfolgen kosten- und stempelfrei 99.

Auskunftsertheilung an Beauftragte 94c.

Ausschließung 83, 96

Ausschüsse 92, 101, 102, 103d

Austritt 83, 87, 100g; bei Aufnahme in eine Zwangsinnung 100b.

B.

Beauftragte der Innung 94c, der Handelskammer 103, 103m.

Beisitzer zum Innungsschiedsgericht 91, zum Prüfungsausschuß 131a.

Beitrag 83, 88, 105s; Einziehung 89.

Beitreibung der Beiträge und Geldstrafen 89.

Beitrittsrecht 87, 100g, -pflicht 100f.

Bekanntmachungen, öffentliche 83, 100b, 100e, 103m, 113.

Beschwerde über Versagung der Genehmigung des Status und Nebenstatuts 85, 100d; Verhängung von Ordnungsstrafen 92c; Rechtsgültigkeit d. Wahlen 94; Enthebung vom Amte 94b; Entscheidungen der Aufsichtsbehörde 96, der höheren Verwaltungsbehörde in Sachen d. Zwangsinnung 100b; Festsetzung der Geldstrafen durch die Handwerkskammer 103n; Beschluß der Aufsichtsbehörde zur Auflösung der Handwerkskammer 103o, Versagung der Bildung von Innungsverbänden 104b, Schließung des Verbandes 104f.

Bestände, Anlegung und Aufbewahrung 89a.

Betriebsunternehmer, Annahme v. Lehrlingen 129a.

Bezirk 82, 83; der Zwangsinnung 100, 100b, 100u; des Innungsausschusses 101; der Handwerkskammern 103.

Bundesrath, Verleihung von Korporationsrechten an Innungsverbände 104g; Bestimmung über Annahme von Lehrlingen 128, 129, 130.

Bürgerliche Ehrenrechte s. Ehrenrechte.

D.

Dauer der Wahlperiode in den Handwerkskammern 103c; der Lehrzeit 126b, 130a.

Deckung der Kosten 88, 89.

E.

Ehrenamt 94a.

Ehrenmitglieder 87.

Ehrenrechte, bürgerliche, Besitz derselben Voraussetzung zur Theilnahme an den Wahlen 93a, 95a; zum Halten von Lehrlingen 126.

Einrichtungen der J., Erhebung von Gebühren zur Unterhaltung 88.

Einsichtnahme in Schriftstücke der Handwerkskammer seitens des Kommissars 103h.

Eintrittsgelder bei der Zwangsinnung unzulässig 100s.

Enthebung vom Amte 94b, 103c.

Entlassung aus dem Lehrverhältniß 127b, Erzwingung Art. 3 (§. 144a).

Entschädigung für entgangenen Arbeitsverdienst 94a; an die Beisitzer von Innungsschiedsgericht. 91.

Entschädigungsanspruch des Lehrherrn bei unbefugtem Verlassen der Lehre 127g.

Entscheidungen der Innung, Abfassung derselben 91b.

Entziehung der Befugniß zum Halten von Lehrlingen 126a.

Ersatzmänner z. Gesellenausschuß 95b, 103i; für d. Handwerkskammer 103a.

F.

Fabrikarbeiter als Lehrling Art. 3.

fabrikmäßiger Betrieb schließt Theilnahmepflicht an der Innung aus 100f, 100g.

Fachschule 83, 103e, 104; Erhebung von Gebühren für 88; Besuch 127; Zeugnisse über Besuch sind dem Prüfungsgesuch beizufügen 131c

Fortbildungsschule s. Fachschule

Fristen zur Einlegung der Berufung über Entscheidungen der Aufsichtsbehörde 96, 100h.

G.

Gebrechen, körperliche oder geistige, ziehen Verlust der Befugniß zum Halten von Lehrlingen nach sich 126a.

Gebühren für Benutzung von Innungseinrichtungen 88, 100s, 103n; Einziehung 89.

Gelder, zeitweilig verfügbare, Anlegung 89a.

Geldstrafen 92c, 103u, 127d, in welche die Beträge fließen 92c, 96

Gemeindebehörde 85; Beglaubigung des Lehrzeugnisses 127c.

gemeinsamer Innungsausschuß 101, Handwerkskammer 103, s. a. Geschäftsbetrieb.

Genehmigung des Statuts 84; Nebenstatuts 85; Innungsausschusses 101; Handwerkskammer 103m; Innungsverbandes 104b; 104i.

Genossenschaftsbildung 81b.

Gerichte, ordentliche 91, 91b.

Geschäftsbetrieb, gemeinsamer 81b; bei d Zwangsinnung ausgeschloss. 100n.

Gesellen, Theilnahme an der Erfüllung der Aufgaben 95, Zulassung zum Prüfungsausschuß 131a.

Gesellenausschuß 83, 95; Wahlen zum 95a; Dauer der Mitgliedschaft 95c; bei der Handwerkskammer 103i, 103k; wählt die Beisitzer in den Prüfungsausschuß 131a.

Gesellenprüfung 81b, 95, 103e, 131; Bestehen der, Voraussetzung zur Lehrlingsannahme 129, seitens

des Lehrlings 131, 131 b; Beanstandung d. Prüfung 131 c; Wiederholung 131 c; Kosten der Prüfung 131 b.
Gewerbegericht 91.
Gewerbegerichtsgesetz 81 a, 94 a.
Gewerbegruppen zur Bildung von Handwerkskammern 103.
Gewerbekammer 133 q.
Gewerbesteuer 100 s.
Gewerbevereine, Betheiligung an der Wahl zur Handwerkskammer 103 a.
Gewerbszweige 83, 100 u.
Gottesdienst an Sonn- und Feiertagen 127.
Großbetrieb, gewerblicher, Annahme von Lehrlingen 129.
Grundeigenthum, Erwerb und Veräußerung 89 b, 93, 103 n.
Gutachten der Handwerkskammer 103 e, 103 g, 103 k; des Innungsverbandsvorstandes 104 e.

H.

Haftbarkeit des Vorstandes 92 b; der Innungsmitglieder bei freiwilligem Austritt 87 a; bei Auflösung 98, 104 m.
Halten von Lehrlingen 126, 128, 129, 130, Art. 7.
Handelskammern 103 q.
Handwerker 129 ff.: in landwirthschaftlichen und gewerblichen Betrieben 87; Voraussetzungen zur Annahme von Lehrlingen 129.
Handwerkskammern 100 p, 100 t, 103 ff.; Zusammensetzung 103 a, 103 d; Wählbarkeit 103 b; Wahlperiode 103 c; Ergänzung durch Sachverständige 103 d; Aufgaben 103 e; Bildung von Ausschüssen 103 d; Vorstand 103 g; Sekretair Anstellung 103 g; Kommissar 103 h; Gesellenausschuß 103 i; Kosten 103 l; Statut 103 m; Androhung von Geldstrafen 103 n; Aufsichtsbehörde 103 o; Auflösung 103 o; Neuwahl 103 o; Rechtshülfe 103 p; Erlaß von Vorschriften über das Halten von Lehrlingen 130; Festsetzung der Lehrzeit 130 a; Bestellung des Vorsitzenden vom Prüfungsausschuß 131 a; Erlaß von Vorschriften für die Prüfungskommission zur Meisterprüfung 133.

Hausarbeit seitens der Lehrlinge 127.

Hausgewerbetreibende, Theilnahme an der J. 100 f.

Haushaltsplan 93, 100c, 103g, 103m.

Herbergswesen 81a, 88.

Höhere Verwaltungsbehörde 82; Genehmigung des Statuts und Nebenstatuts 84, 85, 101; bei Errichtung einer Zwangsinnung 100, 100a, kann Statut derselben erlassen 100d; Zurücknahme einer auflösend. Verfügung 100t; Ausdehnung 100u; Verleihung von Korporationsrechten an Unterstützungskassen 98; Entscheidung über Streitigkeiten über Vermögensvertheilung 98a, über Eintrittsrecht und -pflicht 100h; Schließung des Innungsausschusses 102; Vertheilungsmaßstab für die Kosten der Handwerkskammer 103l; Aufsichtsrecht über die H. 103o; Genehmigung des Statuts der Innungsverbände 104b, empfängt Anzeige von J.-V. 104c; Aufsichtsbehörde über J.-V. 104k; Wiedereinräumung der Befugniß zur Anleitung von Lehrlingen 126a; Verleihung dieser Befugniß im Handwerksbetriebe 129, ernennt Prüfungskommission zur Meisterprüfung 133.

J.

Jahresberichte der Handelskammern 103e.

Jahresrechnung 83; Prüfung u. Abnahme 93, 103g, 103m; Einreichung an die Aufsichtsbehörde 100o.

Innungsausschüsse 92, 101, 102.

Innungsverbände 104 ff.; Statut 104b; Bericht an die höhere Verwaltungsbehörde 104c; Versammlung und Tagesordnung 104d; Berichterstattung, Antragstellung, Erstattung von Gutachten 104e; Schließung 104f; Korporationsrechte 104g; Vertretung nach außen 104h; Unterstützungskasse 104i; Aufsichtsbehörde 104k; Rechnungsabschluß 104k; Folge des Konkursverfahrens 104l; Auflösung oder Schließung 104m; Vermögensausschüttung 104n.

Innungsversammlung 92, 93 a.

Juristische Persönlichkeit 86; d. Innungsausschusses 101; der Innungsverbände 104 g.

K.

Kommissar bei der Handwerkskammer, Ernennung und Befugniß 103 h.

Kommunalverband, weiterer, Uebernahme der Kosten f. Handwerkskammern 103 l.

Konkursverfahren kann Suspendirung von der Theilnahme an den Geschäften der J. nach sich ziehen 93 a; Schließung der J. 97, 102, des J.-Verbandes 104 l.

Korporationsrechte 86, des J.-Ausschusses 101, des J.-Verbandes 104 g.

Kosten der Einrichtungen 88; Deckung 89, 100 s, der Handwerkskammern 103 l, der Gesellenprüfung 131 b, der Meisterprüfung 133, der Rechtshülfe 103 p.

Kostenfreiheit für Ausfertigungen und Bescheinigungen 99, 103 n, für Lehrverträge 126 b, für Lehr- und Prüfungszeugnisse 127 c, 131 c, 133.

Krankenkassen der J. 90, 100 l; Vermögensvertheilung 100 m; Aenderung der Statuten während d. Uebergangszeit Art. 6.

Krankenversicherungsgesetz 81 a.

Kündigungsfrist für Austritte 87 a, 100 g.

Kunstgegenstände, Veräußerung 89 b, 93.

L.

Landes-Zentralbehörde 82, 85; Beschwerdeinstanz über Anordnungen der höheren Verwaltungsbehörde 100 b, 100 d, 100 k, über Schließung von J.-Krankenkassen 100 l u. Vermögensvertheilung ders. 100 m; Leistung des Kostenvorschusses bei Errichtung von Zwangsinnungen 101 i; e. Handelskammer 113 n; Kostenaufbringung 100 s; Zuständigkeit bez. des Innungsausschusses 101, der Handwerkskammern 103, der Wahlordnung zur Handwerkskammer 103 a; Genehmigung der Vorschriften über das Lehrlingswesen 103g; Regelung der Wahl des Gesellenausschusses in d. Handwerkskammer 103i; Vertheilung der Kosten der Handwerkskammer 103l; Erlaß des Statuts f. d. H. 103m; Auflösung der H. 103o; Uebertragung der Befugnisse d. H. auf andere gesetzl. Einrichtungen 103q; d. Innungsverbände 104b; Bestimmung der Maximalziffer zum Halten v. Lehrlingen 128, 130; Genehmigung zur Aufstellung von Prüfungszeugnissen an Unterrichtsanstalten 129; Erlaß v. Prüfungsvorschriften zur Gesellenprüfung 132a; zur Meisterprüfung 133; Uebertragung des Rechts zur Anleitung von Lehrlingen Art. 7.

Lebensalter, Einfluß auf die Theilnahme an den Geschäften der J. 100r, zu den Wahlen der Handwerkskammern 103b.

Legitimation d. Vorstandes 92b, 104h; Ausfertigung erfolgt kosten- und stempelfrei 99.

Lehrbrief 127c; Beurkundung auf demselben über bestandene Gesellenprüfung 131c.

Lehrherr, Pflichten 127ff.; Züchtigungsrecht 127a; Tod 127b; Ausstellung v. Zeugnissen 127c; Rückholungsrecht beim Entlaufen des Lehrlings 127d; Entschädigungsanspruch b. vorzeitiger Lösung des Lehrverhältnisses 127f, 127g; Entschädigungsverpflichtg. bei unbefugtem Einstellen eines entlaufenen Lehrlings 127g; Lehrlingszüchterei 128.

Lehrling, Befugniß zur Anleitung von 126; Entziehung der Befugniß 126a; Lehrvertrag 126b; Besuch der Fortbildungsschule 127; Lösung 127b; Entlassung 127b; Zeugniß 127c; Fortlaufen des L. 127d; Uebergang zu einem anderen Gewerbe 127e; Wiedereintritt 127e; Lösung und Beendigung 127f, Entschädigungspflicht an d. Lehrherrn 127g; im Handwerksbetriebe 129; Gesellenprüfung 131; Wiederholung derselben 131c.

Lehrlingswesen 83, 93, 95, 100p, 103e, 103g, 103k, 126 ff.

Lehrvertrag 126b; Kosten- und Stempelfreiheit 126b; Lösung 127b, 127e; Einreichung einer Abschrift an die Innung 129b; Abschluß vor der Innung 129b; Erzwingung der Entlassung aus Art. 3 (§ 144a).
Lehrwerkstätte, Ausstellung von Prüfungszeugnissen 129.
Lehrzeit 126b, 130a.
Lehrzeugniß, Beglaubigung 127c; bei der Gesellenprüfung 131c.
Lösung des Lehrverhältnisses 127b.

M.

Meisterprüfung 81b, 133; Gebühren 133.
Meistertitel 133, Art. 8; unbefugtes Führen Art. 4 (§ 148q c.)
minderjährige Erben eines Innungsmitgliedes 87a.
Mitgliederbeitrag 83.
Mitgliederzahl 97.
Mitgliedschaft, Beginn 87, 100f; Berechtigung zur 100g.

N.

Name der Innung 82, 83; der Zwangsinnung 100b; der Handwerkskammer 100m; des Innungsverbandes 104a.
Nebenstatut der Innung 83, 85, 104i.

O.

Ordnungsstrafen 92c, 96, 103n; Einziehung 89.
Ortspolizeibehörde, Einreichung des Lehrvertrags an 126b, 129b; zwangsweise Rückführung des entlaufenen Lehrlings durch Ortspolizeibehörde 127d; Erzwingung der Entlassung von Lehrlingen Art. 3.
ortsüblicher Tagelohn maßgebend für Entschädigungsansprüche der Lehrherrn 127g.

P.

Polizeibehörde s. Ortspolizeibehörde.
Preisfixirung für Waaren durch Zwangsinnung unzulässig 100q.
Probezeit d. Lehrlings 127b.
Protokoll über die Wahlhandlung 92.
Prüfung, Voraussetzung zur Aufnahme in eine Innung 87; s. a. Gesellenprüfung.

Prüfungsausschuß 93; 103e, 103k, 103m, 131, Zusammensetzung 131a; Zuständig für Zulassung 131c; Beanstandung der Beschlüsse des Prüfungsausschusses 132.

Prüfungsgebühren 131b, 133.

Prüfungsgegenstände zur Gesellenprüfung 131b; zur Meisterprüfung 133.

Prüfungskommission zur Meisterprüfung 133.

Prüfungsordnung 131b, 132a; zur Meisterprüfung 133.

Prüfungszeugniß bei der Gesellenprüfung 131d; bei der Meisterprüfung 133.

R.

Rechnungsabschluß d. Innungsverbände 104k.

Rechnungsführung 85.

Rechnungsjahr maßgebend für Austritt aus der Innung 87a, 100g; aus dem Ausschuß 102.

Rechtshülfe der Handwerkskammer 103p.

Reichskanzler, Genehmigung des Statuts und Nebenstatuts f. Innungsverbände 104b, 104i.

Rekurs gegen den die Genehmigung versagenden Bescheid 84, 85; die die Schließung aussprechende Verfügung 97, 102.

Rücktrittsrecht vom Lehrverhältniß 127b.

S.

Sachverständige an Stelle von Beauftragten 94c; Zuziehung zur Handwerkskammer 103a.

Schiedsgericht 81b, 91.

Schließung einer Innung 97, 98, 100t; bei Errichtung einer Zwangsinnung 100b; eines Innungsausschusses 102; eines Innungsverbandes 104f, 104l.

Schriftlicher Abschluß e. Lehrvertrags 126b.

Sekretär der Handwerkskammer, Anstellung 103g.

selbständiges Ausüben des Handwerks, Voraussetzung zur Annahme von Lehrlingen 129.

Sicherheitsleistung z. Vollstreckung v. Urtheilen 91b.

Sitz der Innung 83; der Zwangs-J. 100b; der

Handwerkskammer 103, 103m; d. J.-Verbandes 104a.

Specialvollmacht z. Vertretung einzelner Geschäfte nicht erforderlich 104h.

Statut 83, 100h; des Innungsausschusses 101; der Handwerkerkammer 103m; Abänderung 83, 84, 93, 100d, 103m; Genehmigung 84, 85, 101, 103m.

Stellvertreter 87a; zum Innungsschiedsgericht 91.

Stempelfreiheit für Ausfertigungen v. Genehmigungen 99, 103n; des Lehrvertrags 126b; der Lehrzeugnisse 127c; der Prüfungszeugnisse 131c.

Stimmrecht 83; geht ohne besonderes Zugeständniß nicht auf die Wittwe über 87a.

Streitigkeiten 83; über Aufnahme und Ausschließung 96, 104k; über Entrichtung von Beiträgen 89; über Vermögensvertheilung 98; über Eintrittsrecht und -pflicht 100h.

T.

Terminsanberaumung 91.

Theilung des Vermögens 98a, 100k, 100t.

Tod des Lehrherrn 127b.

U.

Übergangsbestimmungen Art. 6.

Überwachung der Betriebe durch Beauftragte 94c; der für das Lehrlingswesen erlassenen Vorschriften 103e.

Umlegung der Beiträge 82; der Kosten der Handwerkskammer 103l.

untere Verwaltungsbehörde, Aufsichtsrecht über die Innung 96, 101; hat die von der Handwerkskammer angedrohten Geldstrafen festzusetzen 103n; Entziehung der Befugniß zur Anleitung von Lehrlingen 126a; Übertragung des Rechts zur Anleitung v. Lehrlingen Art. 7.

Unterkunftsräume sind d. Beauftragten zugänglich zu machen 94c.

Unterrichtsanstalten gewerbliche, Ausstellung von Prüfungszeugnissen 129.

Unterstützungskassen 82, 98, 100l, 100t, 104i; Theilnahme 100n.

Urtheile d. Innungsschiedsgerichte, Abfassung derselben 91b.

V.

Verbände von Innungen 104.

Vergütung baarer Auslagen an die Beisitzer der Innungsschiedsgerichte 91.

Vermögensausweis der J.-Verbände 104k.

Vermögensvertheilung 98a, 100t, 103, 104n; bei Einrichtung einer Zwangs-J. 100k.

Vermögensverwaltung 85, 89a, V.-Verwendung 88, 102.

Veröffentlichungen 83, 100b, 100e, 103m.

Versagung der Genehmigung des Innungsstatuts 84, 100d, 104b.

Versammlung 83.

Vertreter 83; Wahl 92; der Aufsichtsbehörde bei den Prüfungen 96.

Vertretung der Innung 92b.

verwandte Gewerbe 129a.

Volljährigkeit, Voraussetzung zur Theilnahme an den Wahlen 93a, 95a.

Vollmachten, Ausfertigungen und Bescheinigungen erfolgen kosten u. stempelfrei 99.

Vollstreckung der Urtheile 91b.

Vormundschaftsordnung, Bestimmung. derselben sind maßgebend für die Haftbarkeit des Vorstandes 92b.

Vorsitzender des Innungsschiedsgerichtes 91; der Prüfungsausschüsse 131a, 132.

Vorstand 83, 92, 95; Wahl 92; Rechte und Pflichten 92a ff., der Handelskammer 103g, 103m; d. Innungsverbandes 104a.

W.

Wahl der Mitglieder des Innungsschiedsgerichts 91; des Vorstandes 92; Voraussetzung zur Theilnahme an der Wahl 93a; Beschwerde über die Rechtsgültigkeit 94; Gründe zur

Ablehnung 94a; zum Gesellenausschuß 95; zur Handwerkskammer 103a; Voraussetzung zur Theilnahme für letzteren 103b; desgl. für die zum Vorstand 103g; zum Gesellenausschuß 103i.
Wahlberechtigung und **Wählbarkeit** zum Gesellenausschuß 95a, 95c, 103i.
Wahlhandlung 92a, 95a.
Wahlperiode, Dauer derselben in der Handwerkskammer 103c.
Werkmeister, Aufnahme 87, 100g.
Werkstätten, Zutritt der Beauftragten während der Betriebszeit 94c.
Werthpapiere, Anlegung und Aufbewahrung 89a.
Wiedereintritt des Lehrlings in dasselbe Gewerbe 127e.
Wiederholung der Gesellenprüfung 131c.
Wittwe des Mitgliedes 87a.

Z.

Zahl der Lehrlinge 128, 130.
Zeugniß des Lehrlings 127c.
Züchtigungsrecht des Lehrherrn 127a.
Zurückführung des entlaufenen Lehrlings 127d.
Zwangsinnung 100ff.; Bezirk 100; Statut 100d; Mitgliedschaft 100f; Berechtigung zum Eintritt 100g; Austritt 100g; Streitigkeit über Eintrittsrecht 100h; Vermögensübernahme einer Innung 100k; Krankenkasse 100l; Unterstützungskasse 100n; Haushaltsplan 100o; Erforderniß zum Vorstandsmitglied 100r; Regelung des Lehrlingswesens 100p, 100r; Festlegung der Preise unzulässig 100q; Beitrag zur 100s; Vermögensvertheilung 100t; Ausdehnung und Ausscheidung 100u.
Zwangsvollstreckung in Urtheilen 91a.

Druck von Dobrzynski & Walter, Berlin S.

Guttentag'sche Sammlung
Nr. 6. Deutscher Reichsgesetze. Nr. 6.
Text-Ausgaben mit Anmerkungen.

Reichs-Gewerbe-Ordnung

nebst Ausführungsbestimmungen.

Text-Ausgabe mit Anmerkungen und Sachregister

von

T. Ph. Berger,
Regierungsrath.

Auf Wunsch des Herrn Verfassers fortgeführt

von

Dr. jur. L. Wilhelmi,
Kaiserlicher Geheimer Ober-Regierungsrath und vortragender Rath
im Reichsamt des Innern.

Vierzehnte vermehrte Auflage.

Taschenformat, cartonnirt. Preis 2 Mk.

J. Guttentag, Verlagsbuchhandlung in Berlin SW.48.
Wilhelmstraße 119/120.

Dobrzynski & Walter, Berlin S, Kommandanten-Straße 44a.